JN112227

SDGs
ビジネス戦略
ワークブック

ピーター D. ピーダーセン [著]

組織と人を"正しく導く"
5つの行動指針と
経営ツール

会社の
取り組みを
見直したい

より
多くの人を
巻き込みたい

そもそも
目標が達成
できなかったら
どうなるのか
……

日刊工業新聞社

本書の印税は 100% NPO 法人 NELIS（次世代リーダーのグローバル
ネットワーク）に寄付されます。

まえがき：SDGsの危機？

　SDGs（持続可能な開発目標）は、大きな危機に直面しているといっても過言ではありません。

　2015年9月、193か国の賛成を得て採択され、翌16年1月から運用が始まったSDGsは、2030年に向けた「人類の共通アジェンダ」であり、ホモ・サピエンスの壮大なTo-doリストのようなものです。しかし、我々が仕事や日常のなかで、つい遅れがちになりストレスを感じる通常のTo-doリストとは、かなり大きく異なる性質をもっています。やるべきことを、人類が力を合わせて達成しない限り、どこかで、誰かは苦しむ。貧困は蔓延する。子供は死ぬ。自然界は壊滅的なダメージを受ける――SDGsは文字通りの死活問題です。生きるか死ぬかの目標群です。

　その重要性の割に、我々の本気度は甚だ不十分としか言いようがありません。本書の執筆時で、まもなく2030年までの折り返し地点に到達するSDGsは、総じていえば大幅遅延に遭遇しています。その遅れの一部は、新型コロナウイルスの猛威によって発生していますが、それは原因のごく一部にすぎません。SDGsへの取り組みの真剣さや、速度の不十分さが、遅れの真因です。

　SDGsの進捗を測る様々な国連報告書や非営利団体などによる試算があります。そのなかで見えてくる2030年目標の進み具合は、いったいどのようなものでしょうか。新型コロナウイルスが世界を危機に陥れていた2020年秋。日本ではそれほど注目されませんでしたが、SDGsの進捗に警鐘を鳴らす興味深い報告書が、アメリカの市民団体、Social Progress Imperativeによって発表されました。世界163か国、人口にして70億人の国々における過去10年の生活状況、人権、包摂性（社会的弱者をどこまで包摂しているか）、環境データなどを分析しているこのレポートの結論は、次のようものでした。「2014年と比較し、一定の進展はみられるものの、現在のペースで推移すると、SDGsに掲げられている目標が達成されるのは2082年頃になるだろう」[1]。

　新型コロナウイルスによるネガティブインパクトも考慮に入れると、さらに10年遅れて、達成時期は目標年度から62年遅れの2092年頃になるだろうと分析

1　The World Will Not Achieve SDGs Until 2082 | 2020 Social Progress Index – investESG.eu

しています。

「市民団体の過激な分析ではないか」と思われる読者もいるかもしれません。しかし、国連もこれに近い分析結果をたたき出しています。日本を含むアジア・パシフィック地域のSDGs達成度合いに関するレポートが毎年3月頃、国連機関であるESCAP（アジア太平洋経済社会委員会）から発表されています。2022年度版では、次のような見立てをしています。

図表 SDGs の達成度合い（2017、2019、2021）と達成見込み年度

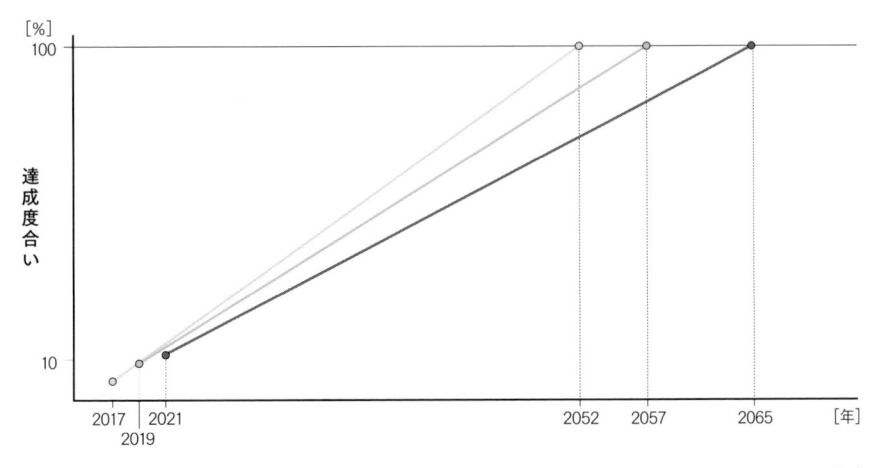

出典：ESCAP "Asia and the Pacific SDG Progress Report 2022" をもとに作成

つまり、2017年時点では、そのまま推移するとSDGsは2052年に達成されるとみられていましたが、2019年の取り組み速度で見積もると、2057年へとあとずさり。そして、2021年の進捗から推測すると、日本を含むアジア・パシフィック地域におけるSDGsの達成年度は、2065年頃になるのではないかと指摘しています。

また、2022年7月に公表された国連の正式な進捗報告でも、次のように警鐘を鳴らしています。

　「今年の報告書では、特にハッとさせられる深刻な現状が描かれています。最新のデータと推測からみれば、持続可能な開発のための2030アジェンダ（SDGs）が、連動し、波紋を広げている複数の危機によって非常に達成困難な状況に

| あることが明らかになっています。」[2]

そして、各17目標の進捗の数字をみても、多くの分野で後退やデータの悪化がみられます。2022年には、4年ぶりに世界の貧困人口が増え、20年ぶりに児童労働の数が増加に転じています。急性食料不安に陥っている人々（いつ飢えてもおかしくない人）は、2019年の倍、3億4,500万人に達し、増加傾向にあります（国連食糧計画によるデータ）。水に関しては、現在のペースだと2030年時点で16億人は安全な飲み水にアクセスができず、28億人は安全に管理されたトイレなどサニテーションを享受できないとされています。ジェンダー平等の達成にはあと40年以上かかるとされ、各国議会での女性議員の割合は2015年から少々改善しているものの、まだ26.2%にとどまっています。国家間不平等がSDGs運用開始以来はじめて悪化し、難民の数も過去最多の1億人に到達。スラム街に住む人々の数は、10億人から減らず、むしろ増加傾向にあります。緊急対策が必要とされている気候変動に関しては、新型コロナウイルスにも関わらず、二酸化炭素排出量は2021年に6％増加し、過去最高を記録。

総括すれば、次のような結論になります——「我々の前に立ちはだかる課題の深刻さと規模感は、人類史において経験したことのない大胆かつ大きなスケールでの変革を必要不可欠にしています」（同報告書）。

**ここで、私たちはいったん立ち止まって考える必要があります。
「SDGsの未達成」とは、はたして何を意味するのか、と。**

それは何より、将来世代にとって、ひっ迫、紛争の頻発、難民の増加、生活苦、身の回りの自然破壊や、人間を含む多くの生き物の、本来不要だった大量死。「未達成」とは、このような結末を招きかねません。我々の世代「まで」の、近代的経済人（ホモ・エコノミクスともいわれます）は、派手なパーティのようなものを続け、その散財の結果、自分たちの子孫にも、他の生き物たちにも「生きるスペース」を残すことなく、壊れた地球社会を継承していきます。私たちは、このようなレガシーでよいですか？

1859年、米国ペンシルバニア州で石油がはじめて商業規模で採掘されてから

2　Sustainable Development Goals Report 2022, p. 3, 著者訳

わずか200年前後で、パーティはおしまい。そして、後片付けにかかる時間は、その何倍にも上る可能性が高いのです。このままいくと、高度な知能を発達させ、素晴らしいテクノロジーを開発した近代人の私たちが残す「遺言＝レガシー」は、このような、悲惨なものになるでしょう。人類がボトルネックを苦しみながらも抜け出したあと、22世紀や23世紀で暮らす「未来の歴史家」は、かなり厳しい目で19世紀から21世紀を振り返るようになるのではないでしょうか？

このような、あるまじき未来を回避することは可能なのでしょうか？
可能にするためにとるべき行動とは？　SDGsはダメだったのか──他の目標群が必要になるのか？　ビジネスを通じて、企業人として、仕事の一環として、私にできることはあるのでしょうか？

こんな疑問が読者の脳裏をよぎってもおかしくないと思います。

本書の目的の1つは、これらの問いに対して、できるだけ明確な答えを出すことです。強すぎる悲観論は希望を打ち消し、行動する原動力をも奪ってしまうことがあります。しかし、健全な危機感は、反対にイノベーションを生み、行動の加速をもたらす可能性を秘めています。本書では、極めて強いながらも健全な危機感を出発点に、ビジネスを通じた深層イノベーションや、ビジネスと社会の本当のトランスフォーメーションに貢献できる、具体的な行動を探っていきます。それは、行政機関や大手企業のみが取り組めるものでも、達成できるものでもありません。一地域企業や中小企業であっても、本書第1部で描く時代認識をふまえ、第2部で詳しく紹介する「羅針盤」を活用することができます。

事業の規模や性質を問わず、ビジネスには、現在と未来、自社と社会、人間と自然、そして「事業発展と社会価値」の間の好循環＝トレード・オンを実現するポテンシャルがあります。いや、そのポテンシャルがあるだけでなく、トレード・オン型のビジネスのほうが面白く、わくわくするもので、世代を超えた価値を生んでいきます。「羅針盤」を紐解いてみる前に、まず、私たちホモ・サピエンスの「現在地」を確認してみたいと思います。

本書は、ワークブックです。行動するための羅針盤、ツール、情報源を提供することが主たる目的です。しかし、方向感も設計図もないままに、未来への航海に挑んでも迷うばかりです。一度、座標軸をきちんと確認することで、今後、ビジネスをどこに導いていきたいかに対する迷いは、消えるはずです！

目次

第1部 理解編

世界の変化を理解する〜 SDGs の達成に向けた現状把握と未来探索

第1章 人類が直面するボトルネックから考える経営の在り方

第2章 SDGs は単なる「大衆のアヘン」や「プラシーボ・ボタン」なのか

第**2**部 ワーク編
行動は5つのiでまとめる

Column

ワークシート　ダウンロード先

https://sdgs.transagent.co.jp

株式会社トランスエージェント主宰「SDGs
経営研修センターページ内」

本書内に掲載しているワークシートをダウンロードすることができます。
社内外でご活用ください。（ご使用の際は出典元を明記してください）

第 **1** 部

理解編

世界の変化を理解する
～ SDGs の達成に向けた現状把握と未来探索

人類が直面するボトルネックから考える経営の在り方

● 本当の「ファクトフルネス」に目をつぶらない

ファクトフルネス。

しっかりしたデータや情報に基づいて、時代の移り変わりを理解することは、当然大切です。しかし、そのファクトフルネスのなかには、どのデータや情報を選定し強調するかというバイアスがどうしてもかかってしまいます。客観的にみえても、人間の主観を完全に排除することはできません。

2つの異なる世界をみてみましょう。私は、これらを「ホワイトワールド」と「ブラックワールド」と呼んできました。ホワイトワールドは、人類が成し遂げたポジティブな変化を強調し、どちらかといえば楽観的で、「これからも、そのままイノベーションの力を信じれば、直面している諸問題は十分解決できる」と主張しています。一方のブラックワールドは、どちらかといえば悲観的で、危機感を煽り、価値観も含めた深層変化を起こさない限り明るい未来は到達しないと訴えます。データに基づいて、この2つの世界を簡単に俯瞰してみましょう。

右の図表は、ホワイトワールドのごく一部のデータにすぎません。健康・福祉・寿命など、人類の社会発展を裏付けるしっかりした根拠は多数存在します。これまでの歴史において、政策、企業のイノベーション、市民社会の力の総動員によって、社会課題をクリアしてきました。SDGsもしかりです――悲観することはありません。人類の歴史をみると、乗り越える力があることは、既に証明されています。

希望が湧いてきますね。やる気も出るかもしれません。しかし、一方では、ブラックワールドも存在します。その異なる世界のデータセットも確認しましょう。

産業革命をエンジンとして、19世紀から21世紀初頭にかけ、人類は目覚ましい発展を遂げてきました。

● **平均寿命**　　　　　1900年の31～32歳から、2020年は72～73歳へと飛躍

● **極度の貧困**　　　　1950年の約55％から、現在は、10％前後まで激減（世界人口に占める割合）
　　　　　　　　　　　（現在は、1日1.90ドル以下（購買力平価）で暮らしている人々のことを指す）

● **小児死亡率**　　　　1960年の約18％から、現在の約3％へと大幅減少（5歳未満で衛生的課題や病で亡くなる子供のことを指す）

● **妊産婦死亡率**　　　全世界のデータは、20世紀後半まで正確に把握されていませんが、北欧フィンランドを一例にとれば、1900年の10万人中500人から、2015年は10万人中3人へと160分の1に減少（妊娠中ないし出産から42日以内に亡くなる妊産婦のことを指す）

● **世界の中流階級**　　単なる生存経済から、消費者入りをはたし、豊かさを実感できるこの層は、いま世界で最も急速に増えています。アメリカのブルッキングス研究所によると、2018年にはじめて「富裕層＋中流階級」と「脆弱層＋貧困層」の数が拮抗し、今後も中流階級は増加の一途をたどるという。2000年に14億人だった世界の中流階級は、2030年に53億人前後になるとしている

産業革命以降の経済発展は、労働者の搾取と自然環境の軽視をもたらし、人類の生存基盤が現在危機的な状況に瀕しています。

●二酸化炭素の濃度　気候変動をもたらす温室効果ガス、そのなかでも特に二酸化炭素の大気中の濃度は急上昇し、現在約420ppmに到達。最近の研究から、少なくとも過去410万年において、これほど高い大気中の濃度がなかったことがわかっている。410万年前の海面は、現在より5-20メートル高かったと推測されている。

●プラスチック汚染　20世紀に人類が生み出したミラクル材料プラスチックは、現在私たちの体内にも、ヒマラヤ山脈でも、そして海底でも確認される。このまま推移すると2050年頃、海では魚の重さよりも、プラスチックの重さが大きくなると推測されている。

●農と食　近代型農業の重機の多用、人工肥料の大量散布により、世界各地で土壌劣化が進行、2050年までに最大で7億人が移住を余儀なくされる。他の要因も影響し、気候変動難民はアフリカとアジアを中心に、21世紀半ばまでに2億人を超える可能性がある。

●水　世界人口の46％に相当する36億人は、自宅での衛生的なサニテーションにアクセスがなく、20億人は自宅の安全な飲料水もない。MITの研究チームによると、2050年までに、世界人口の52％に相当する約50億人は、水が自由に取水できない水ストレスに直面する可能性が高いという。

●労働者の搾取　グローバルなサプライチェーンにおいては、相変わらず最終生産者が搾取されている。フィナンシャルタイムズの試算によると、私たちがカフェでコーヒー1杯を400円で購入すると、タンザニア、グアテマラ、コロンビアなどのコーヒー農家に支給されるのは、たったの1.6円程度であるという。

　これはブラックワールドのごく一部のデータにすぎません。人類が遂げてきた社会発展の「裏」では、生命基盤がむしばまれ、21世紀半ばまでに非常に厳しいボトルネックに直面するでしょう。このままの政策やイノベーションで、とても対応できるものではなく、私たちはいま、世界観・価値観・ライフスタイル・経営の営み方を総点検し、深層変化を起こさない限り、明るい未来に到達することはできません。

さて、読者はどのようにお考えになりますか？
どちらの「ワールド」が「正しい」のでしょうか？

実は、ホワイトワールド、ブラックワールドのどちらをとっても、「正しい」です。データは国連、世界銀行、WHO、MIT、フィナンシャルタイムズなど、名声あるしっかりした組織から発表されたものばかりです。両方とも「ファクトフル」なのです。ファクトフルでないことは、自分の都合に合わせてデータを選定し、一方的で歪んだ世界観に基づいて行動することです。

ビジネスを営む者にとって、ホワイトワールドのほうが、当然都合がよさそうです。「イノベーション」という、ビジネス界の一種の魔法に未来さえ託せば、きっとうまくいく。そう思いたくもなります。しかし、上で紹介した2つのワールドの関係性に十分着目して、これから行動する必要があります。

ホワイトワールドで描いている、人類の素晴らしい（一部の地域における）社会発展は、地球の「生命基盤」が健全であってはじめて可能になり、維持できるものです。ブラックワールドで描いている課題が、2030年～2050年に向けてさらに顕在化するとなれば、せっかくの社会発展を維持することができません。

新型コロナウイルスは、このことを違った視点から私たちに見せつけました。2020年以降、世界の極度の貧困率、栄養失調人口、児童労働に従事する子供の数は、すべて増加に転じてしまっています。人類の豊かで明るい未来は、社会を支える地球全体の生命維持システムの健全性が担保されてこそ可能になります。さらに、大きな社会不安や紛争の頻発、地政学的な争い、急激な難民増加の回避も、基礎的な前提条件になります。

⬤ ボトルネックこそは発明の母

2000年初頭、私は米国の事業家であり、早くから「エコロジー」と「商業」の融合の必然性を訴えていたポール・ホーケン氏を日本に招聘し、ともに仕事をしました[1]。彼は、深い洞察力の持ち主で、ある書籍のなかで、次のように書いていました。少し、私の解釈を加えながら、彼が書いていたことを紹介します。

1　ポール・ホーケン『サステナビリティ革命』、ジャパンタイムズ、1995

人類は、「希少性」を起爆剤にイノベーションを起こし、発展してきました。近代でいうと、「動力源」が不足していたところから「蒸気機関」を発明し、その後、工業化によって活動できる時間が長くなり、都市も発展しました。そこで、「電気」が発明され、「電力の供給網」というインフラも整っていきました。そのあと、第一次世界大戦、第二次世界大戦で世界が経験したのは、「国際協調の不足」であり、それを補うために、国連の発足や、IMF、世界銀行などを中心として金融のブレトン・ウッズ体制が確立しました[1]。要するに、これも希少性をばねに、人類が英知を結集して取った対応策の一例だというのです。

　そして、現在から21世紀中盤までを見据えると、今度は、資源のひっ迫や、人類活動の副産物による新たな「希少性」に遭遇していて、それを解消すべく、人類は現在SDGsに代表されるサステナビリティ課題に、国家レベルでも企業経営においても真正面から取り組もうとしています。
　おおまかにいうと、ポール・ホーケン氏はこのような主張をしていました。
　人類は、確かにあるボトルネックをきっかけに（ボトルネックとは、文字通り瓶の首が細くなり、モノが詰まりやすいところを指す）、何度も大きな飛躍を遂げてきました。このように考えると、企業はいまどのような立ち位置にあって、どんな行動が求められるのでしょうか？　そのことには、このあともう少し詳しく触れるとして、とりあえず押さえておきたいことは、「ボトルネックこそ発明の母」であるということです。そして、何をそこで「発明し、実装させる」かは、私たちの「着眼点」によって大きく変わってきます。会社でいえば、これまでの成功モデル、これまでの製品やサービス、これまでの技術の延長線上で、次なるチャンスを見つけようとしても、社会課題解決に貢献できないばかりでなく、自社にとってもビッグな事業機会に気づかない可能性が増えていきます。新しい着眼点が必要です。

図表 サステナビリティ・ボトルネック —— 発明の母

生態系の汚染、劣化と
社会的基盤の脆弱化

ボトルネック

負の側面：
ひっ迫、資源争奪戦、
地政学的不安定化など

正の側面：
希少性からのイノベーション加速
危機感による協調・協働など

ボトルネックの先にある
のは、究極的にいえば「近
代文明の崩壊」か、「持
続可能な地球社会への
ブレークスルー」のどち
らかである

人類活動による
影響・負荷の増大

大粒の事業機会を発見する「入口」に立つために

50年以上前に、やはりこの方、経営学の大家ピーター・ドラッカーは、その著書『マネジメント［エッセンシャル版］—— 基本と原則』（ダイヤモンド社、2001年）で、必要な着眼点について見事な一文を書いています。

> 社会の問題は、社会の機能不全であり、社会を退化させる病です。それは組織、特に企業のマネジメントにとっての挑戦である。機会の源泉である。
> 変化をイノベーションすなわち新事業に転換することは、組織の機能である。イノベーションを技術に特有なものとしてはならない。これまでの歴史において、社会的イノベーションは、技術的なイノベーションよりも大きな役割を果たしてきた。
>
> 19世紀の主な産業は、新しい社会環境としての工業都市を、事業上の機会や市場に転換した結果生まれた。最初にガス、次に電気による照明事業が起こり、市内電車、郊外電車、電話、新聞、デパートなどの事業が起こった。

> したがって、社会の問題を事業上の機会に転換するための最大の機会は、新技術、新製品、新サービスではなく、社会の問題の解決すなわち社会的なイノベーションにある。
>
> 事実、成功を収めた企業の秘密は、そのような社会的イノベーションにあった。
>
> ピーター・ドラッカー『マネジメント[エッセンシャル版]──基本と原則』ダイヤモンド社、p. 97

　日本の企業幹部のなかに、いまでも「社会課題」の話をすると、「あまりお金のにおいがしないね」と言ったりする人がいます。多くの場合は間接的にですが（担当部署の方の愚痴として）、私もしばしば「うちの社長は、そう言っているんですよ」と聞かされることがあります。

　しかし、企業としてSDGsなどの「社会課題」に対応することは、慈善行為でもなければ、利益率の低いソーシャル事業に傾注しなければならないということでもありません。ピーター・ドラッカーが上の文で紹介している「社会イノベーション」のとらえ方は、もっと広義のものです。「社会の希少性」や、「満たされていない深層ニーズ」に目を向けるところから、次なる大粒の事業機会がみえてきます。その次なる「大粒の事業機会」は、決して手前みそのような発想（これまでの成功モデルにうっとりする）からも、自社の強みや自社の得意としている技術やビジネスモデルだけからでも、生まれない可能性が高いです。「顧客の声」からでさえ、見えてこない場合が大半です。ヘンリー・フォードがかつて指摘していたように、「私がお客様に「何が欲しいか」と尋ねたならば、「もっと早い馬車を開発してくれ」と答えたに違いありません」[2]。

　自社の強みの活用や、顧客の声への感度は当然重要です。しかし、それだけでは、SDGsが突きつけるような課題を、ビジネスを通じて解決する道筋がみえてきません。ビジネスに携わる者は、「未来の声＝深層メガトレンド」と、「社会の声＝顧客を超えたステークホルダーの期待値」にも耳を傾け、そこから次なる事業の創出に取り組む必要があります。Voice of the Customerだけでなく、Voice of the Future、そしてVoice of Societyという、新たな「着眼点」から事業機会が生まれていきます。

2　ヘンリーフォードが実際にこのように発言したかは定かではありませんが、世界では広くフォードの名言として紹介されています

図表 VOF + VOS + VOC で事業の次なる「フロンティア」を発見する

Voice of the Future〈未来の声〉	Voice of Society〈社会の声〉	Voice of the Customer〈顧客の声〉
・メガトレンドの分析から何がみえてくるか ・社会の構造的転換・変化からみえることとは ・将来世代の視点を本気で取り込んでみると、どんな課題と可能性が浮かび上がるか	・事業に直接かかわっていないインフルエンサーは、どんな発言・要請・危機感を提示してくれているか ・自社の社員や外部ステークホルダーは何を求め、どんな未来を望んでいるか	・顧客がすでに表現できている新しいニーズやサステナブル消費への要求だけでなく、潜在的に存在はするがまだ表現ができていない深層ニーズとは ・若い世代、将来世代＝次の顧客の新たな価値観とは何か、それがいずれ市場ニーズとしてどのように台頭しそうか

※ここでは、それぞれの箱における「必要な着眼点」が出尽くしている訳ではありません。重要な認識は、顧客セントリックな世界観だけで、持続可能な未来も作れなければ、自社にとっての大粒の新たな事業機会も発見できないところにあります。

　具体例で考えてみましょう。

　例えば、社員60名程度の田舎の農機具メーカーから、世界最大級の風力発電機メーカーへと発展したデンマークのベスタス社。この会社では、1970年後半から、「未来の声＝メガトレンド」からみて再生可能エネルギーが必須となるだろうと察知し、1986年に農機具生産を捨てて、風力発電機のタービン製造に特化することを決意しました。実は、顧客の声をほとんど全く聞いていなかったどころか、既存顧客にばかにされるのではないかという思いから、最初は秘密裏に風力発電機の開発に取り組んでいたそうです。

　あるいは、シリコンバレー発で生まれた多種多様な米国ベンチャー、のちにグローバル企業へと発展した企業群を例にとってみましょう。ゼロベースで、将来社会の深層ニーズを察知するところから事業を起こし、リスクをとり、そして（そのごく一部のベンチャー）が飛躍を遂げていきます。着眼点がアウトサイドインであり、未来（潮流）、社会（潜在的な深層ニーズ）といったところから出発し、自ら顧客を創造していきます。

社会の問題は、社会を退化させる病であると同時に、事業家からすれば、そこにこそ機会も潜んでいます。社会イノベーションは、技術や製品のイノベーションより重要であり、これを理解しない経営者や企業人は、いつまでも小粒のイノベーションを繰り返す危険性があります。一方で、次なるビッグチャンスを発掘していくなかで、日本企業の発展パターンにあまり合致しないシリコンバレー的事業創出に期待をしても無理があります。アグレッシブさとハングリーさではるかに勝る中国企業を、ただ恨ましく思い続けても何も生まれません。SDGsは、未来の声、社会の声の集大成です。「社会イノベーション」に取り組むための1つの大枠です。第1部の最後の部分で詳しくみていきますが、だからといって、「目標の○○番に対して、この事業を！」というように、直線を引く必要性も全くありません。

　次の章では、このように「事業発展の入口」として活用できるはずのSDGsに対して、最近突きつけられている批判や問題提起を紹介します。SDGsは形骸化しているのか、今後もイノベーションの起爆剤になりうるかを探る大切な一歩になります。

図表 新しい「イノベーション・フィールド」の追求

バックキャスト的な視点
深層メガトレンドの理解、ありたい姿の探求
VOF＋VOSの深堀

「価値編集フィールド」
バックキャスト的な探求とフォアキャスト的な強みの掛け算から、新たな事業機会の発掘が可能となる。ここに「正解」はなく、自社の事業創出の手腕が問われるフィールドでもある。

しっかりした時代認識と、希少性（ボトルネック）の理解＋新たな価値観の深読み

フォアキャスト的な視点
自社の理念・強み＋中期戦略＋技術・製品の延長線上のVOCの聞き取り（対話）

第2章

SDGs は単なる「大衆のアヘン」や「プラシーボ・ボタン」なのか

世界は、さらなるプログラムによって救われない
――必要なのは新しいマインドとハートをもった人である

　まえがきで指摘したように、SDGs が未達成（2030年時点）に終わる可能性が、かなり高まっています。そんななか、SDGs の意義、効用、有効性に疑問を投げかける声もあちらこちらから聞こえてきています。こんな声には、健全な民主的な議論として耳を傾ける必要があります。

**　でも、はたして、本当のところはどうなのだろうか？**
**　こう思ったりすることもあると思います。**

　私も、実は、サステナビリティ経営、ESG、SDGs に深くかかわってきた人間であるにもかかわらず、SDGs を歯がゆく思っているところや、その使い方を危惧していることがあります。その疑念のようなものを、最も的確に表してくれたのは、SDGs が生まれるはるか前から、人類の発展に警鐘を鳴らしているアメリカの作家、ダニエル・クイン氏です。
　残念ながらクイン氏の書籍は、日本ではさほど多く出版されていませんが、1994年に邦訳が発行された『イシュマエル―ヒトに、まだ希望はあるか』（ヴォイス、1994年）は、いま読んでも多くの学びを提供する名作です。ゴリラと人間の対話のなかから、「ヒトにまだ希望があるか」を探っています。この本のなかの一節だったと思いますが、どうしても頭のなかで響き続けるダニエル・クイン氏の言葉があります。私の記憶から引用します。

> **「世界は決してさらなる「プログラム」によって救われることはない。必要なことは、新しいマインドに基づいて動く人々である」**

　SDGs は、まさにクイン氏が指していた「プログラム」のようなものです。人

類がぶち上げた、これまででも最大級の計画＝プログラムです。しかし、彼に言わせると、これによって十分な規模とスケールで変革は起きないというのです。なぜ、そのように言うのでしょうか？

SDGsは「大衆のアヘン」と化してしまっているか

クイン氏の真意を探る前に、日本で最近注目を浴びている、SDGsに対する問題提起の１つを紹介しましょう。『新人世の「資本論」』（集英社新書、2020年）で、行き過ぎた資本主義に異を唱える経済思想家の斎藤幸平氏。彼は、カール・マルクスになぞらえて、「SDGsは大衆のアヘン」になる危険性があるといいます。マルクスが19世紀に、その書籍で書いた「宗教は大衆のアヘン」というフレーズ自体は大変有名ですが、この言葉の文脈にはもう少し多くのニュアンスが含まれています。社会において、宗教は一定の役割を担っているが、「死後の世界＝天国入り」に向けて、大衆は支配者層の下でせっせと働かされ、結局のところ、宗教は既存の権力構造を維持し、「革命」の妨げになる、とマルクスはみていました。斎藤幸平氏のSDGsに対する問題提起は、これに近いといえるところがあります。

現代において成し遂げるべき「革命」を、仮に「終わりなき成長を前提とした暴走型資本主義からの脱却」ととらえるならば、SDGsという「プログラム」はその革命を可能にするどころか、むしろ既存経済モデルの延命をもたらしかねない便利なツールともいえます。現在の大衆を安心させてしまう材料になるとも解釈できると思います。SDGsにさえ取り組んでいて、あの素敵なアイコンを身にまとったり、会社のウェブサイトや報告書に掲載したりすると、「大丈夫だ、SDGsに取り組んでいます」といった、本当の深層イノベーションをむしろ妨げる一種の安堵感のようなものが組織に漂いかねません。

SDGsを単なる「プラシーボ・ボタン」とみる専門家も

もう一度、世界に目を向けたいと思います。

1994年に、その後の企業経営を大きく変えた概念、「トリプル・ボトムライ

ン」[3]を提唱した、古くからの友人の一人、英国のジョン・エルキントン氏[4]。彼は、「サステナビリティ経営」を世に広めた仕掛け人の一人ともいえる人物です。このエルキントン氏は、2020年頃からSDGsについて、企業経営における単なる「プラシーボ・ボタン」になりかねないと警鐘を鳴らしています。医薬の世界での「プラシーボ（効果）」の意味は読者もご存じだと思います。日本語では「偽薬」と訳され、本物の薬と見分けがつかないが有効成分の入っていない、臨床試験に使用されるものです。

しかし、「プラシーボ・ボタン」とは？

アメリカで、1990年代から多くのエレベーターに設置されている「閉めるボタン」は、実は何も作用しないのだそうです。身体障がい者団体のロビー活動を受けて、エレベーターの扉を早く閉じるために設けられているこのボタンは、「無効化」されているのだそうです。しかし、せっかちな私たちは、それでもイライラしながら「閉めるボタン」を押して、安心します。効き目のないプラシーボ・ボタンであっても、押すことで安心感を得ているのです。

エルキントン氏は、企業にとってSDGsがこのような「無効化されたプログラム」になりかねないといいます。つまり、「SDGs、やってま〜す！」と声高に宣言し、17目標に合わせてあれこれ自社の活動を整理し、カテゴライズをしたりしますが、SDGsに描かれている大胆かつ飛躍的な目標（例えば「飢餓をゼロに」、「貧困の半減」）に対しては、ほぼ全く効力がないという指摘です。

ワードや流行に惑わされることなく、本質を捉える眼力を！

クイン氏、斎藤氏、エルキントン氏はみな基本的に同じ問題提起を我々に突きつけています。特に、SDGsが発表されるずいぶん前から、クイン氏が唱えた「世界は決して新たなプログラム＝計画によって救われることはない」という問題提起を、私たちは深くかみしめる必要があります。必要なのは、「新しいマインドを持つ人々だ」とクイン氏は言っていましたが、このマインドとは、「心」や「価値観」とも読み替えることができます。

そうすると、「SDGsではやはりだめだといっているのか」、と問いたくなるか

---

3   John Ellcington, "Cannibals with Forks", Capstone Publishing Ltd.,1997
4   英国 SustainAbility 社共同創業者、Volans 共同創業者

もしれません。しかし、問題の本質はそこにあらず――SDGsそのものに書かれていること、掲げられている目標は正論であり、意味のある目標です。最終的に重要なのは、「SDGsがあるか否か」ではなく、また、ワードやスマートな計画でもありません。私たちは、これからの時代をつくる大きな潮流をしっかり直視し、新しい価値観に基づいて行動することが求められています。重要なのは、CSRでも、ESGでも、SDGsでもありません。格付け機関でも、統合報告書でも、投資家対応でもありません。

　自ら、次のような問いを立て、その答えを追い求めることがこれからの経営の命題の1つです。

　「次の時代において――つまり、30年先、50年先、100年先も――この惑星で生命を維持できるようにするために、私たちがいまとるべき行動とは何か」

　「貧困などにあえいでいる多くの人々の生活を改善しながらも、プラネタリー・バウンダリー（地球環境の限界）を超えることなく経済活動を営むために、いま何を変え、どんなイノベーションを起こす必要があるか」

　「わが社の歴史、理念、強み、社員の思いを総動員して、どんな貢献ができるか。どのような新たな価値を創造できるか。そして、それをビジネスとして成り立たせるために、どんなアクションをとることが必要なのか」

　これらこそ、私たちビジネスパーソンが自問自答すべき一番本質的な問いです。そして、もがきながら、苦しみながら、時には楽しみながら自分なりの答えを見つけたら、それは「新しいマインド・新しい価値観」へとつながり、国連が提唱する計画があろうがなかろうが、主体的に取り組んでいくことにつながります。SDGsが悪い訳でも、意味がない訳でもありません。「アクター（実践者）」である私たちの探求心と覚悟が不足しているだけです。願わくは、本書はその探求をサポートし、覚悟を固める一助になればと思っています。

　未来に向けた針路を定め、力強く行動するためには、潮流を踏まえる必要があ

ります。VUCA[5]の時代だからこそ、表層的な「現象」の下に流れる「次の時代をつくる底流」を見極めることが大切になってきます。その底流を理解するために、これまでのサステナビリティ経営を取り巻く歴史的変遷を振り返ってみたいと思います。そのなかから、未来を形成する兆しやこれから花を咲かせる種を見つけて、育てることが可能になっていきます。

この未来への確かな航海を進めるためには、見識や眼力も必要ですが、我々は何も「ゼロベース」でこのような社会感度を高める必要がありません。幸いにして、これまでの時代の分析を行い、未来の兆しを拾い、これから育つであろう種をまき始めている機関、人、企業は多数存在します。次章では、まず企業を取り巻く未来や社会の声を整理し、そのうえでイノベーションと競争力の再定義を一緒に考えてみたいと思います。

---

5 Volatility（変動性）、Uncertainty（不確実性）、Complexity（複雑性）、Ambiguity（曖昧性）の頭文字を取った言葉。将来を予測するのが困難な状態を表す

第**3**章 社会が企業に期待すること ～４つの波からみる経営の最前線

「社会が企業に期待すること」——2020年までの３つの波

　本書の前身である『SDGsビジネス戦略』（共著、2019年）では、社会が企業に期待することや、求める企業行動を「３つの波」で整理して紹介しました。個人的には、1992年頃から環境とビジネスに関心を寄せ、1995年から環境経営、サステナビリティ、CSR、SDGsなどを生業にしてきました。まさに、サステナビリティ経営の黎明期といえる時代ですが、いま振り返ってみると、つい最近まで（2020年頃まで）は３つの波のように、社会が企業に期待することが変化してきました。ここでいう「社会の期待」とは、特に社会・環境面に焦点を当てたものを指しています（財務面や、従来のビジネス側面に対する社会の期待ではありません）。

図表 社会が企業に期待すること——2020年までの３つの波

	第一の波	第二の波	第三の波
時期	1980年代後半まで	1990年頃から2005年頃まで	2005年頃から2020年頃まで
社会の期待	法令順守 コンプライアンス リスク管理 メセナ活動	法を超えた環境課題の自主管理 環境・社会情報の開示 サプライチェーンの人権配慮 戦略的な社会貢献	イノベーションを通じた課題解決 ESG経営の実践、SDGsに対するコミットメント 経営と事業戦略の統合
次なる波へのシフトのきっかけ	・温暖化の世界的世論 ・国連による「持続可能な発展」という概念の発表（1987） ・リオサミットに向けた機運（1992年開催）	・環境危機の顕在化などを受け、世界的な大手企業が大胆な環境目標やCSV的取り組みを開始し、国連の責任投資原則などによって、金融の世界においてもサステナビリティへの関心が上昇 ※CSV = Creating Shared Value マイケル・ポーター教授他が提唱した「共通価値の創造」という概念	・壊れた生態系の修復への貢献の必然性と社会の期待 ・世界の不平等の蔓延に対する危機感と、既存の経済モデルの持続不可能性の顕在化

この図での「波の年号」はおおよそのものであり、また当然時代は緩やかに1つの波から次の波へと移り変わっていきます。その変遷を理解するために、しばし「社会と企業、共発展を探る歴史」の描写にお付き合いください。「このあたりはわかっているよ！」と思われる読者は、どうぞ斜め読みで済ませ、第4章までお進みください！

　「社会の声」を主なキーワードだけでまとめ直すと、次のようになります。
　第一の波：法令の遵守＋リスク管理＋メセナ活動
　第二の波：環境・社会課題の積極的な自主管理と法を超えた情報開示
　第三の波：課題解決型イノベーションと広い層のステークホルダーとの協働

〈第一の波〉

　20世紀における人類の目覚ましい発展、とりわけ1950年以降の加速度的な経済成長と社会発展を受け、思わぬ副産物が1950年〜1960年代から徐々に世界各地で顕在化していきました。日本での最も有名な例は、4大公害（病）ですが、米国では五大湖の汚染や農薬DDTの環境影響が大きな議論を巻き起こしていました。東南アジア、ラテンアメリカ、アフリカにおいては、むしろ貧困と社会基盤の整備が重荷となり、長期にわたる世界の景気拡大の恩恵を十分に享受することができませんでした。

　そんな経済発展の負の側面を解消しようと、国連は1972年に環境と開発に関する「ストックホルム会議」をスウェーデンで開催しました。この会議をきっかけに、国連環境計画（UNEP）の設立、世界環境デーの制定（6月5日＝ストックホルム会議の開幕日）、日本の環境庁の発足などがみられ、世界は環境協調を試みる新たなステージへと進んでいきました。1970年代から1980年代にかけて、主な関心事は環境汚染、酸性雨、貧困の解消、人口爆発による将来的な食糧供給不足などとなっていました。WWFやグリーンピースなどが設立され（1960年代）、企業に対する市民社会の逆風が吹き始める時代ではあったものの、社会・環境課題への企業対応に関しては、何より「きちんと法を守り、適切なリスク管理をせよ」ということが、当時の社会要請でした。

　1982年に、あまり広く知られていませんが、アフリカのナイロビで再び国連会議が開催されました。「UNEP管理理事会特別会合」という、極めてマジメなタイトルの会合でしたが、ここで、日本からみると実は画期的なことが起きてい

ました。日本の政府団から、環境と開発の両立に関する「特別委員会」の設置が提案され、後に正式に発足することになりました。1984年～1987年まで、その日本政府の提案を受けて活動したのは、歴史に深く名を刻むこととなった「環境と開発に関する世界委員会」でした。ノルウェーの首相が座長を務め、彼女の名前をとって「ブルントラント委員会」とも呼ばれていますが、この委員会の3年にわたる活動の末、最後の公聴会は1987年2月、東京で開催されています。その時に発表されたのは、SDGsの礎であると同時に、企業に対する社会の期待を徐々に「第二の波」へと突き動かす「持続可能な発展（開発）」の概念でした。その定義は次のようなものです。

図表 持続可能な発展（開発）＝ Sustainable Development の定義

> **将来の世代が自らのニーズを充足する能力を損なうことなく、**
> **現在の世代のニーズを満たすような発展（開発）**

"Our Common Future"（我ら共有の未来）、環境と開発に関する世界委員会、1987

　現代のニーズもまだ十分満たされていない。しかし、そのニーズに応えていくなかで、将来世代の可能性を奪ってはいけない —— 地域軸と時間軸の両方を含む、シンプルでありながらパワフルな定義です。

　1987年に大々的に打ち出されたこの「新しい経済・社会発展のパラダイム」が日本政府団の提案によって生まれたことに、もっと大きな誇りを感じてもよいと思いますが、本章の観点からみるとこの出来事の重要性は違ったところにあります。持続可能な発展の実現に向け、企業への期待も徐々に、1992年のリオサミット開催を見据えて、変わっていったことがここで押さえておきたいポイントです。

　社会の企業に対する期待を「第二の波」へと向かわせるもう1つの大きな出来事は、「地球温暖化」に関する研究発表と、それを受けた世界の世論の醸成でした。1970年代は、地球が次なる氷河期に向かっているのではないとの議論が活発でしたが、一時的な寒冷期が過ぎると、地球温暖化の影響を示す研究発表が増え、そしてついに1988年に、国際舞台に「地球温暖化」が本格的に登場しました。1980年代に、世界各地で気温上昇が記録されはじめ（下図参照）、異常気象

による被害が拡大したことに加え、温暖化のメカニズムを解明する研究の厚みも増していたことが背景です。

　そして、有名な出来事の1つとして、1988年、米国議会におけるNASA（アメリカ航空宇宙局）の科学者、ジェームズ・ハンセンの証言が挙げられます。いわゆる「ゲームチェンジャー」の1つの出来事です。ハンセン氏は、1988年6月23日、熱波がワシントンを襲っているなか、米国議会上院で次のように証言しました。「私は、99％の確率で人類活動による温暖化が起きていると思う」[6]。政治のステージに、温暖化が登場する象徴的な公聴会でした。翌1989年に、現在に至るまで活動を続けているIPCC（気候変動に関する政府間パネル）が設立され、気候変動に関するより確からしい科学的な根拠づくりに世界は取り組み始めました。

図表 1951～1980年の平均気温と比較した、地球の平均気温の推移（1980年代から顕著に上昇）

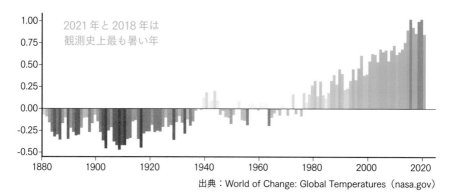

出典：World of Change: Global Temperatures（nasa.gov）

〈第二の波〉

　このように、社会における複数の出来事が企業への期待の変化を招いていきました。

　1990年以降の「第二の波」では、社会の期待が「企業による環境課題への自主的・積極的な対応と、地球社会全体の持続可能な発展への貢献」へと変わっていきます。産業界もこれを受け、自主的に環境マネジメントシステムの規格、

6　"Global Warming Has Begun, Expert Tells Senate", New York Times, June 24, 1988

ISO14001を取りまとめ、1996年からその取得が始まりました。ほぼ同時期に、「環境報告書」が普及し始めます。企業は、法で定められた「工場からの汚染物の排水管理」や、「財務情報の開示」以上の、自主的で積極的な社会・課題のマネジメントが当然視される時代へと移っていきます。

　グローバルなサプライチェーンの在り方にも、変化の波が押し寄せ始めました。それまで、法的な下限すれすれで労働者を扱っていた欧米の有名ブランドは、市民社会の厳しい視線を受けることになります。1995年頃から急速に普及したインターネットの力によって、市民団体など多種多様なステークホルダーの発信力は増し、企業に対する影響力も増しました（日本の経済産業省（当時、通産省）がはじめて「ステークホルダー」という言葉を正式な文書で使い始めたのも同じ頃、確か1995年だったと思います）。

　1990年代は、まさしく「CSR経営の時代」だったといえます。企業が、法を超えたかたちで、社会的責任を果たすことが期待されるようになっていました。

〈第三の波〉

　第二の波から第三の波への移行の背景にも、複数の出来事があります。

　ここでは、いくつかの代表的な動きだけを紹介します。2000年前後になると、干ばつ、洪水、ハリケーンなど気候変動による世界各地での影響が徐々に顕在化していきました。アメリカにおいては、特に2005年にニューオーリンズを浸水させたハリケーン、カトリーナが大きな衝撃を与え、その同じ年の秋に、世界最大の小売企業ウォルマートは、大胆な環境目標を発表しました。同年、ゼネラルエレクトリック（GE）も、「エコマジネーション」という、重厚長大のイメージが強い同社らしからぬ環境マーケティングと研究開発のプロジェクトを開始しました。海を渡った欧州では、戦略の権化、ハーバード大学のマイケル・ポーターとの二人三脚によって、食品大手ネスレが「CSV経営」を打ち出しました。もはやCSRの時代ではなく、企業は社会との共通価値（CSV = Creating Shared Value）を目指して活動するというメッセージがそこに込められていました。環境経営に携わる人間として、このあたりから企業の対応における潮目の変化を肌で感じることができました。

　それまで、CSR的「責任感」から環境経営などに取り組んでいた多くの企業は、2000年をすぎたあたりから徐々に「市場機会」と、新たな「イノベーションの創出」に目を向けるようになっていきました。マイケル・ポーターのみなら

ず、「学習する組織」の提唱者ピーター・センゲや、マーケティングの大家フィリップ・コトラーなど、企業経営に多大な影響力を及ぼすインフルエンサーたちは、こぞってこの時期から「サステナビリティ」の重要性を訴え始めました。横から眺める一人として、苦笑する一面も正直ありました。「後出しジャンケンじゃないか！」と思わざるを得ない突然の目覚めでしたが、それはともかくとして、戦略論、組織的学習、マーケティングの世界的大家が「社会」、「ソーシャル」、「サステナビリティ」、「CSV」を唱え始めた影響はかなりのものでした。

　第三の波へとつながるほかの3つの重要な出来事を簡単に紹介してから次に進みます。

　1999年、国連事務総長のコフィ・アナン氏は、国連としては珍しく「対企業」の活動として、グローバル・コンパクトの結成を提唱しました。彼がその構想発表の場に選んだのは、あの世界経済フォーラムのダボス会議でした。3回目のダボス会議参加となったアナン氏は、かねてから国連と民間セクターの協働を促進したいとの思いがあり、グローバル・コンパクトのアイデアを発表した1999年1月の会合のスピーチで、次のようにその理由を語っています。含蓄のある素晴らしいスピーチですが、ここではその一部のみ紹介します。

　　グローバリゼーションは事実である。しかし、私たちはそのもろさを過小評価してきたのではないでしょうか。その問題とは、次のようなものです。市場の広がりは、社会とその政治システムが市場に適応する能力、ましてや市場の行く末を導く能力を上回っている。経済、社会、政治のこのようなアンバランスは、決して長くは続かないことを、歴史は教えています。

　　先進諸国は、かつての世界恐慌という苦い経験を経て、多くの教訓を得ました。社会的調和と政治的安定を回復するために、彼らは社会的セーフティネットやその他の措置を採用し、経済の変動を抑制し、市場の失敗の犠牲者を補償するよう設計しました。このようなコンセンサスがあったからこそ、自由化に向けた動きが次々と生まれ、戦後の長い景気拡大期がもたらされたのです。

　　今日の我々の挑戦は、新しい世界経済を支えるために、世界規模で同様のコンパクト（協定）を考案することです。それが成功すれば、第二次世界大戦後の数十年間に先進国が享受したものに匹敵するような、世界的な繁栄の時代の基礎を築くことができるでしょう。〈中略〉ビジネスを通じて、人権、労働基準、環境管理の分野

における一連のコア・バリューを受け入れ、支持し、制定するよう、企業に呼びかけます。

　なぜ、この3つなのか。第一に、この3つの分野は、ビジネスマンやウーマンであるあなた方が真の意味で変化をもたらすことができる分野だからです。第二に、人権の世界宣言、国際労働機関（ILO）の労働に関する基本的原則および権利に関する宣言、1992年の国連環境開発会議のリオ宣言など、すでに国際的な合意によって普遍的な価値が定義されている分野であるということです。最後に、この3つの分野を選んだのは、私たちが行動を起こさなければ、開かれた世界市場、特に多国間貿易体制が脅かされる恐れがある分野だからです。

Kofi Annan's address to World Economic Forum in Davos | United Nations Secretary-General

　この提案を受け、グローバル・コンパクトは翌年の7月に正式に発足し、いまや160か国以上で1万5,000を超える企業や団体がこの「協定」に署名しています[7]。

　グローバル・コンパクトが正式に発足したわずか42日後、2000年9月上旬にニューヨークの国連本部ではミレニアム・サミットが開幕し、SDGsの前身となるMDGs（ミレニアム開発目標）が採択されました。2015年をターゲット年度とする8つの目標から構成されたMDGsは、いま一つ産業界における盛り上がりに欠けていましたが、「イノベーションを通じて、世界の社会・環境課題解決に向けたより積極的な貢献」という「社会の期待」は、しっかり企業のレーダースクリーンに映り始めていました。

　このような国連の働きかけに良い意味で拍車をかけたのは、金融界と投資家コミュニティにおける動きでした。しかし、ここでも実は国連が仕掛け人として非常に重要な役割を担っていました。そして、何を隠そう、あのコフィ・アナン事務総長は、ここでもキーパーソンでした。2005年、彼は世界最大級の機関投資家の経営者を国連に招き、金融機関がコミットする社会・環境的な責任に関する原則策定の議論を開始しました。その後、20人の投資家（機関）と70人のエキスパートのグループが編制され、投融資における環境、社会、統治の要素を盛り

7　UN Global Compact (https://www.unglobalcompact.org)

込むための原則の設計に取り掛かりました。その結果、翌年の2006年4月、ニューヨーク証券取引所にて、PRI＝責任投資原則が発表されました。いまとなっては一般的なビジネスリテラシーの1つともいえる「環境・社会・ガバナンスに配慮したESG投資」誕生の瞬間です。

第三の波の集大成としてのSDGs

2015年9月の国連総会で採択された**「我々の世界を変革する：持続可能な開発のための2030アジェンダ」**（SDGsのもととなっている国連宣言）は、ある意味、この第三の波の1つの集大成とみることができます。2012年から始まったMDGs後を見据えた検討プロセスには企業も深く参画し、さまざまなステークホルダーの意見を盛り込み、SDGsは、世界共通の「イノベーション・アジェンダ」のようなものとなりました。前身のMDGsよりはるかに企業に対する社会の期待度が高く、また企業側の参加意欲も格段に上がっていきました。当然、国連主導の目標群であるため、特に17の目標の下にぶら下がる169のターゲットを読むと、若干国連チックで、企業としてはとっつきくいと感じる表現や行動要求もあります。それはそれとして、SDGsは、国連だけでも、国家だけでも、市民セクターだけでも、そしてもちろん企業だけでも実現し得ないことが前提となっています。すべてのステークホルダーが、それぞれの強みを生かしつつ、深いパートナーシップと本格的なイノベーションを通じて取り組むことが、SDGsの神髄です。

一旦、第三の波における、企業に対する社会の期待を整理してみましょう。その「社会の声」をどのように受け止め、経営と事業に反映するか、それとも反映しないかは、企業および企業人が選択することです。

イノベーションを通じて、さまざまなステークホルダーと協働しつつ、世界の課題解決に、経営と事業を通じて貢献してください。経営は、財務軸だけでなく、環境軸、社会軸、そしてしっかりした企業統治も含めて行ってください。「社会的責任」を超え、企業は、そのオペレーションと事業の両方を通じて、持続可能な地球社会の実現に主体的かつ創造的に寄与してください。

この第三の波においてはじめて、顧客市場（B2C、B2B、B2Gのそれぞれにお

いて）から例えば再生可能エネルギー導入の要求（B2B）や、サステナブルな製品に対するプル（B2C）が本格的に起き始めました。さらに、投資市場からもESG投資はごくマイナーなものから、１つの新しいスタンダードへと大きく伸びていきました。本書の執筆時では、世界の全運用資産のうち、約36％が何等かのESGスクリーニングを受けていると推測されています[8]。つまり、顧客市場と投資市場の両方——企業にとって最も直接的に影響を与える「２大外部ステークホルダー」からの積極的なドライブがかかるようになりました。企業としても、取り組み方次第で企業価値、ブランド価値、競争力の強化につなげる可能性がより鮮明に見え始めた時代です。

　ここまで、社会と企業の「共発展模索の歴史」を駆け足でみてきましたが、ご理解いただけましたでしょうか。2020年頃まで、私は常にこの３つの波で企業に対する社会の期待を整理していました。しかし、その頃から、明らかに新しい波が盛り上がり始めていました。無視ができない、社会の新たな声が大きくなっていくことを目の当たりにしています。その背景と意味することを、次に紐解いていきます。

「第四の波」 —— 台頭しつつある新たな潮流をどう活かすか

　これまでみてきたように、ある波から次の波への移行を促す具体的なきっかけが存在します。しかし、第四の波に関しては、少し違ったことが起きているかもしれません。国連のような機関の働きかけ、インフルエンサーや市民団体の発信、影響力ある企業の戦略転換——このような動きはすべて重要ですし、現在も大きな影響を及ぼしています。しかし、社会から企業に寄せられている「第四の波」における期待の裏には、いま、地球社会の隅々にまで広がり始めている危機感があるといえます。

　まず、第四の波の特徴とキーワードを確認しましょう。

8　"Global Sustainable Investment Review", GSIA, 2020

	第四の波
時期	2020年頃から
社会の期待	法の順守＋社会・環境課題の積極的な管理＋イノベーションを通じた課題解決への貢献に加え、企業は壊れた生態系、ひずみが大きくなった社会の「再生・修復」に関わることが期待されるようになってきています。

キーワードは：Regeneration / Restoration
　　　　　　　　　再生　　　　　修復

Stakeholder Capitalism
ステークホルダー資本主義

「持続できるものが、なくなりました」。
一言でいえば、これが世界の強い危機感です。
・大気の汚染と二酸化炭素の濃度上昇
・地球の平均気温、特に北南極圏での急激な上昇
・海、河川、陸地における甚大なプラスチック汚染
・淡水源の危機的な将来予測
・従来型農業による土壌の劣化と現在の食料システムによる大量の温室効果ガス排出
・異常気象の頻発と被害の拡大
・そして、富む者と富まざる者の間に生じた、あまりに大きなひずみ

　これらの現象が、第一に意味することは、何なのでしょうか。
　私たちが授かっている、そして本来なら次の世代にも健全な形で継承すべき自然環境が崩壊に瀕しているということです。特定の個人や企業が所有できない人類の共有材を「コモンズ」といいますが、所有権が不明瞭であるため、誰が責任をもって管理するかも曖昧になったりします。さらに、国益や企業益が常に優先されることによって、全体益、地球益、未来益、言い換えれば「コモンズ」の健全性を長期にわたって担保する有効な手立てがみつかりません。この「コモンズ＝共有材」とは、SDGsを行動に移していくにあたっての大切なコンセプトでもあり、その概念図を一度確認してみましょう。

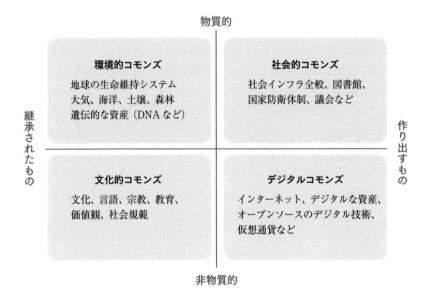

物質的

環境的コモンズ

地球の生命維持システム
大気、海洋、土壌、森林
遺伝的な資産（DNA など）

社会的コモンズ

社会インフラ全般、図書館、
国家防衛体制、議会など

継承されたもの

作り出すもの

文化的コモンズ

文化、言語、宗教、教育、
価値観、社会規範

デジタルコモンズ

インターネット、デジタルな資産、
オープンソースのデジタル技術、
仮想通貨など

非物質的

出典：History and Evolution of the Commons, Dmitry Sokolov のモデルを参考に作成

　この４つのいずれの「コモンズ＝共有材」も、社会を豊かにし、健康的で魅力的な日常生活を送るための基盤のようなものです。SDGs が総じて扱っているのは、まさにこの「人類の共有材全般」といっても過言ではありません（ただし、言語、文化など重要な要素が SDGs から抜け落ちていると指摘する声もありますが）。

　私たちが先代から受け継ぐ環境的コモンズが甚大なダメージを受けると、修復するのに想像を絶する時間がかかります。農業生産に欠かせない「表土」（深さが 13 〜 25 センチ程度）は、重いトラクターなどといった農機具の多用、単作（モノカルチャー）の継続、人工肥料の大量散布などで、半世紀ほどで壊すことは可能です。しかし、そこまできたら、再び健全な土壌を取り戻すには 1,000 年かかるともいわれています。地下水源も同じく、数十年で渇水させられますが、補充するのにかかる時間は、はかり知れません。

　このコモンズ、特に環境的コモンズに対する「再生・修復」へのかかわりが、

ここ数年急速に企業に対しても期待されるようになってきています。先進的な企業は、早くからこれを察知し、2020年頃から「再生・修復」を戦略と行動に組み込み始めています。具体例をこのあと2、3紹介しますが、その前に、今後予想できる第四の波の影響の大きさや社会の各セクターへの広がりを理解するために、どのようなテーマや分野で「リジェネラティブ（Regenerative）」（再生型）や「リストラティブ（Restorative）」（修復型）が使われているかを、次の表で示します（実際には、リジェネラティブというワードのほうが多用されており、リストラティブは同じ意味合いを含みながらも、使われる場面が少ない）。

図表 Regenerative/Restorative （再生型・修復型）が最近使われる代表的なフィールド

Regenerative Capitalism	資本主義	再生型資本主義をはじめ、リーダーシップ、デザイン、マーケティングなどにこの「再生・修復」の視点が新しいイノベーション・フロンティアとして世界で多面的に探究されています。この「ミーム」（自己増殖する言葉の「遺伝子」）は広まり始めてまだ6〜7年しか経ちませんが、いまや最も新鮮で刺激的な議論の出発点となっています。
Regenerative Economics	経済	
Regenerative Business	ビジネス	
Regenerative Marketing	マーケティング	
Regenerative Design	デザイン	
Regenerative Leadership	リーダーシップ	
Regenerative Cities	都市	都市設計、建築、農林水産業、健康医療分野など特定の事業分野でもマイナスをゼロにするという発想を超え、どのようにして生態系を修復し、気候を安定化し、土壌を蘇らせ、水の健全な循環を取り戻し、コミュニティと人々のウェルビーイングを増幅させられるかといった取り組みが実践され始めています。
Regenerative Communities	コミュニティ	
Regenerative Architecture	建築	
Regenerative Agriculture	農業	
Regenerative Forestry	林業	
Regenerative Ocean Farming	漁業	
Regenerative Health and Wellbeing	ウェルビーイング	

いくつかの具体的な取り組み事例をご紹介しましょう。

国連は、2021年6月より、「生態系回復の10か年」（Decade on Ecosystem Restoration）という、協働プラットフォームを始動させ、多種多様なパートナー

や市民団体とともに、グローバルな活動として広げようとしています。企業としても、このプラットフォームの一員となり、存在感を高めることは可能だと思います。

　この10か年計画が船出したちょうど1年前の2020年6月中旬、これまで世界におけるサステナビリティ経営のパイオニアとして注目されてきたユニリーバは、新しいサステナビリティ戦略を発表しました。そのなかに、自然環境の再生（regenerating nature）と、農業サプライチェーンの取引先や生産者と一緒に取り組む新しい行動規範、「再生型農業原則」を策定すると発表しました（後に、Regenerative Agriculture Principlesとして公表されています）。

　同じ2020年の秋に、米国のウォルマートは、「わが社はリジェネラティブな企業を目指す」と銘打って、脱炭素化への取り組みの加速だけでなく、森林と海洋の修復にも、具体的な再生面積を提示して取り組むと発表しています。

　「土壌の修復とその炭素固定化能力の向上」「小規模生産者の生活やそのコミュニティの強靭性の強化」などが世界各地で注目されるなか、農業と食料・飲料製造企業は俊敏に反応し、この新しい波に乗り始めています。欧州では、ユニリーバの他に、ネスレやダノンも再生型農業に多大の投資をはじめ、米国では例えばジェネラル・ミルズやペプシコも取り組みを開始しています。未来の声（メガトレンド）、社会の声（ステークホルダーの新たな期待値）に耳を傾けつつ、半歩先の取り組みで自社のサプライチェーンのレジリエンスの向上を図るとともに、市場における競争力の強化に結び付けようとしています。

　林業や漁業においても、再生・修復はホットなトピックの1つに挙がっています。再生型オーシャン・ファーミングという、米国での取り組みは漁業を「古くて、きつい衰退産業」から、スマートで、若者も従事したい産業へと生まれ変わらせるポテンシャルを秘めています。米国ロング・アイランドでこのモデルを世界に広めようとしている、漁業者がつくった非営利団体Green Waveがこの刺激的な動きをリードしています。

　そして、なんといっても、建築や都市設計において、「リジェネラティブ」は現在最も魅力的なイノベーション領域の1つとして注目を集めています。生態系を修復し、人々の健康を増幅させる住まい、オフィス、商業施設などが、実際にかたちとなっているだけでなく、リビング・ビルディング、リビング・シティ、リジェネラティブなコミュニティ設計などがバズワードのように世界の建築業界

で流通しています。

　業種によって、ややとっつきにくいと考える場合もあるでしょう。
　例えば、機械メーカーや鉄道会社などであればすぐに「再生・修復型」の取り組みは思い浮かばないかもしれません。しかし、日本でも多くの企業の長期目標となっている「カーボン・ニュートラル」や「ネット・ゼロ」も、基本的に同じ分脈のなかでの取り組みです。さらに、マイクロソフトのようにカーボン・ネガティブを目指す企業や、パタゴニアのようにカーボン・ポジティブ（この2つは同じこと指しています）を目指して、「修復型」を志向することは、どの業界や企業でも可能です。

⬤ 第四の波は、企業人に新たな想像力と創造性を要求する

　何はともあれ、壊れかけている地球の生態系と、一向に解消されない世界の不平等の「是正、修復、再生」に対する企業の創造的な取り組みが今後ますます期待されることは、ほぼ間違いのないことでしょう。
　情報入手が周回遅れになりがちの一部の日本企業からは、こんな声も聞こえてきています。「ようやく“サステナビリティ”に慣れてきたのに、また横文字でリジェネラティブなのか‼ 勘弁願いたい」。

　地球社会がサステナブル（持続可能）といえる状態に到達するために、いま必要なのが再生・修復型の取り組みです。そして、その過程において、最も大きな影響力とイノベーション力を有する企業も主体的に参加してください。
　これが、第四の波における社会の期待であり、そこから得られる新たな可能性を本気で探るまえに「勘弁してくれ！」というのは、どちらかといえば負け犬の発想です。自社が最終的に何を、どのように実践するかは別として、まずは波に乗ってみるための下準備をする必要があります。世界における最先端の情報に多く触れ、最も先端的に取り組んでいる機関、ベンチャー、企業の取り組みを研究し、どの要素が自社にとって活用できるかを検証するマインドセットが必須となっています。
　第四の波を理解し、それが自社の事業領域において何を意味するかを突き詰めるには、確かに想像力（イマジネーション）と、創造性（クリエイティビティ）

が必要になります。そのためにも、ぜひ20代〜30代の若手スタッフを深く関わらせ、貪欲に世界に目を向け、世界の人や企業と交流し、常に新鮮で刺激的な情報に接することが、対策として一番おすすめです。

　次なる波に疎い企業は、大粒を狙った次なるイノベーションへの取り組みも遅れてしまいます。
　深層変化の波を無視する企業や、その有効性を否定する企業は、どの時代においても競争力が低下します。

　第1部の最後に、イノベーションと競争力というテーマにメスを入れていきます。私たちは、従来型イノベーションの「終焉」を迎えているのではないかと考えています。そして、SDGsも含めサステナビリティや、その先にあるリジェネラティブな取り組みがブランド価値と競争力に直接的に影響を与える時代に、既に突入しています。そこで見えるランドスケープを面倒なものとしてとらえるのではなく、事業を通じて、未来を可能にする最高のチャレンジと受け止め、企業として邁進する姿勢が待ち望まれています。

図表 ステークホルダー資本主義に関する議論

第四の波のもう1つのキーワードは、「ステークホルダー資本主義」です。

　2019年8月、米国のCEOが多く参加するロビー団体（日本の経済同友会に似た組織です）、US Business Roundtableは、「企業の存在意義＝パーパス」に関する声明を発表し、そのなかで、企業は株主のみならず、幅広い層のステークホルダーに対する責任を果たすことが必須であると主張しています（顧客、従業員、サプライヤー、コミュニティ、環境、株主の順にステークホルダーを挙げ、それぞれに対する企業の果たすべき役割に触れています）。
　署名している経営者には、アマゾンのジェフ・ベゾス、アルファベット（グーグル）のスンダー・ピンチャイや、バンク・オブ・アメリカ、コカ・コーラ、ウォルトディズニーなどから、200名弱の大手企業CEOが含まれています。
　世界経済フォーラムの創始者、クラウス・シュワーブも、同じ流れを受け、2021年に『Stakeholder Capitalism』と題された書籍を発行し、ダボス会議でも近年中心的な話題の1つに上るようになっています。

さらに、注目すべきは、世界最大の民間資産運用会社であるブラックロックのCEO ラリー・フィンク氏が、2022年初頭に投資家に送った手紙です。資本主義とサステナビリティの関係性に触れながら、彼は、次のように投資家の方々に発信しています。

　「今日のようにグローバルにつながった世界において、企業は株主に対して長期的な価値を提供するために、自社のステークホルダー全般のために価値を創出し、広い層のステークホルダーが価値とみとめる経営をする必要があります」。

　株主の長期価値の「ために」としっかり入っていますが、この手紙もまた「ステークホルダー資本主義」をメインステージへと押し上げる要因の1つと考えてよいと思います。

　この動きは、しかし既に第二の波あたりから始まっていて、ようやくメインストリーム入りをはたしたといったほうが正しいと思います。そして —— これも本書の前身『SDGsビジネス戦略』で触れていますが —— もっと大きな視点からみると、「株式会社400年強の歴史」における、大きな時代的転換の一環とみることができます。1600年12月大晦日に、英国東インド会社の設立から始まった近代的株式会社の歴史は、私のみるところ、いくつかの大きなステージを経て、そのなかで、存在意義、提供する価値、対応する主要ステークホルダーが大きく変容しています。現在は、幅広い層のステークホルダーに対して、持続可能といえる価値をどのように提供していけるかをまさに模索している移行期であるといえます。

1600-1800年頃	1800-2000年頃	2000年頃以降（現在進行形）
重商主義の時代 存在意義： 　冒険、貿易、略奪 操業許可を与えるキーステークホルダー： 　君子、後に貴族（資本家）	産業資本主義、後に金融資本主義の時代 存在意義： 　産業生産による消費社会の実現 操業許可を与えるキーステークホルダー： 　資本家（設備投資などを行う）、後に「投資家」（投機家と入り混じる）	持続可能経済＋ステークホルダー資本主義の時代 存在意義： 　パーパス経営に基づく持続可能な経済と地球社会の実現 操業許可を与えるキーステークホルダー： 　多種多様なステークホルダー（投資家含む）

Business Roundtable - Opportunity Agenda
Larry Fink's Annual 2022 Letter to CEOs | BlackRock

第4章 イノベーションの終焉と第5の競争軸

● イノベーションこそ革新される時代へ

「イノベーション」といえば、シュンペーターの新結合や、彼がのちに世に広めた「創造的破壊」といった言葉が思い浮かぶのではないでしょうか。あるいは──これもシュンペーターが指摘していたことですが──保守的になりがちな既存組織における起業家的活動の重要性を連想するかもしれません。

しかし、企業はいま、経営学の大家たちがこれまで提唱してきた「イノベーション」の終焉を迎えているのではないかと、私は最近考えるようになりました。「The end of innovation──そんなばかな！」と、読者は思うかもしれません。改善を超えて、日本企業は革新のカルチャーをつくることが求められ、いまこそイノベーションが必要であると考えるビジネスパーソンが多数いるはずですし、その指摘には、一理も二理もあると思います。

イノベーションの「目的」とは、はたして何だったのか──そのことに立ち返ってみると、なぜ、私が「イノベーションの終焉」に直面していると主張するかがみえてきます。「イノベーション」という言葉には、無数に近い定義がありますが、これまでになかった「新規の価値」を生み出すことが、その目的であることに疑いはないでしょう。新たな価値を、企業とその顧客や社会にもたらすことが「イノベーション」を起こすゴールになっています。それには何ら異存がありませんが、これまでの章でみてきたように、そしてSDGsという人類の一種の危機感・新たな総意・生存防衛本能からいえるのは、次のようなことではないでしょうか。

新たな事業・製品・サービス・技術を通じて「新価値」を生み出そうとしても、その生み出された新しい価値より、破壊される基盤的な価値が大きいのであれば、正味ゼロになるか、下手をするとマイナスになる可能性がある。近視眼的にみると、イノベーションで新しい価値を生み出しているようにみえても、もう少しズームアウトし、社会・自然環境・将来世代・未来まで視野を広げると、価

値破壊をもたらしてしまうことが起きうる。

　「イノベーションのジレンマ」とは、アメリカの実業家であり、後に経営学者になったクレイトン・クリステンセンが生み出した言葉ですが、そこには、次のような意味が込められていました。既存企業にとって、新しい製品や技術は、小さくて魅力のないように見えるだけでなく、カニバリズムによって既存事業を蝕んでしまう可能性があります。イノベーションを通じて生み出そうとしている「新しい価値」の追求が、「既存の価値」を打ち消す可能性すらあって、その矛盾をどのようにして乗り越えていくかが、「イノベーターのジレンマ」だというのです（クリステンセンな「人」である「イノベーター」に焦点を当てていました）。

　これはこれで結構な話ですが、いまの時代においては、より大きな視点から考える必要があります。

　自社が次々に繰り出す新しい製品、サービス、技術、すなわち事業イノベーションが、甚大な環境破壊をもたらし、炭素排出を通じて気候変動を加速させ、将来世代の生存可能性を狭めてしまうのであれば、そこには「正味でいう新価値」は、果たして存在するのか。それとも、視野を広げ、時間軸をもう少し伸ばして考えると、ひょっとすると価値破壊をもたらしてはいないか。

　新たな事業価値の創出と、社会価値・環境価値・未来価値の間の正の関係をどう実現するかが、実は現代における最大のイノベーションのジレンマではないか？

　この問いに、ビジネスパーソンが真剣に立ち向かわない限り、単なる「ガラクタ・イノベーション」を続ける可能性があります。「ガラクタ・イノベーション」——それは、自社の既存事業のカニバリゼーションよりはるかに重大な、将来社会の食いつぶしをも意味します。

　耳の痛い話だと思います。イノベーションはビジネスにとって欠かせませんが、正味で価値破壊につながるならば、そもそもそこに取り組む意義はあるのか——このような思いが、ふと湧いてくることもあるのではないでしょうか？

　このような考えから、私は、従来型のイノベーションが終焉を迎えようとしているとみています。「従来型」とは、社会的分脈を無視し、社会や環境の価値を

「外に」おいて、弱者や未来を切り捨ててきたイノベーションです。この種のイノベーションは、徐々に社会の広い層のステークホルダーから認められなくなりつつあります。第3章でみてきた4つの波、そのなかで取り上げた第三の波の集大成としてのSDGsは、企業からみると何より、「イノベーションの革新」を必要不可欠にするものです。

　社会的な分脈をしっかりふまえ、社会・環境的価値とのトレード・オンを実現し、未来や将来世代の価値を切り捨てないイノベーションを起こしてください。
　これも、メガトレンドの変化に端を発する、社会の強烈な声になってきています。

　当然、これを無視して、ガラクタ・イノベーションを続けるという選択肢もありますし、そのような選択をとる企業も、現に存在します。しかし、下の図で示すように、そのような道を選ぶことは、今後ますます難しくなっていきます。社会発の多種多様な変革ドライバーが、特に2015年以降に「点」から「面」になり、サステナブルやリジェネラティブという「前置詞」がつくイノベーションを強く要求するようになってきています。人類が直面する生存ボトルネックから考えると、この動きが短いうちに鈍くなることは、想像し難いです。
　それなら、社会の変革ドライバーを深く理解し、自社らしい「サステナビリティ・イノベーション」や「SDGsイノベーション」に本気で舵を切ったほうがよいに決まっています。そして、これはまえがきでも触れましたが、大手企業に限らず、中小企業や地域企業であっても取り組むことは可能ですし、今後の事業発展のためにプラスとなります。

図表	社会・市場の主な変革ドライバー = 企業に「サステナビリティ・イノベーション」を求める推進要因

大きな枠組み、政治的合意など	SDGs（持続可能な開発目標）	パリ協定（脱炭素化の推進）	EUなどによる政策体系、TCFD,TFND、ISSBなどの枠組み
利害関係者の新たな要請・期待	顧客（B2B、B2C、B2Gを問わず）の新たな価値観と取引における要求	ESG投資など投資家の期待	業界他社、産業界との競争や共創（ピアプレッシャー）

　上の図のそれぞれのカテゴリーの中には、日増しに影響が拡大する具体的な事象が多数含まれています。そのごく一部をみてみましょう。

〈大きな枠組み・政治的合意などの例〉

・SDGsは2020年から「行動の10か年」に入り、企業への期待が一層高まっている。さらに、2023年に2030年までの折り返し地点をすぎると、企業に対する国際社会の働きかけが加速する。

・脱炭素化に向けた動きは2020年以降に急激に加速し、現時点では140か国弱が「カーボン・ニュートラル」や「ネット・ゼロ」を宣言している。

・ガソリン車からEV自動車へのシフトもここ数年加速し、2025年（ノルウェー）を先頭に、ガソリン車の販売禁止競争のような状態となっている。アジアにおいてもEV自動車の製造・販売は、非常に大きな激戦区になろうとしている。

・EUが次々に繰り出すサーキュラーエコノミー関連の政策は、日本の政策や産業界の取り組みをも刺激し、今後は、サーキュラーな資源利用がデファクトスタンダードになる日が近づいている。

・金融安定理事会（FSB）が提唱した「TCFD＝気候関連財務情報開示タスクフォース」には、約3400団体がコミットし、財務情報開示のあり方を大きく変えつつある。

〈利害関係者の新たな要請・期待の例〉

・B2Bの世界において、アップルなど一部の企業は仕入れ先に対して、工場での再生可能エネルギー100％を取引条件として定め、日本のメーカーにも影響が及んでいる。

・B2Cの世界において、ミレニアル世代とZ世代は、とりわけ欧米においてサステナブルな消費とライフスタイルに意欲を示しています。世界全体で肉を減らし、植物性由来の食品を意識的に増している「フレキシタリアン」は、42％に達しているとのデータもある[9]。日本においても、車の所有に関心がないなど、ゆるやかながら価値観の変化が顕在化しつつある。

・資産運用において、ESG的な視点は当たり前になりつつあり、世界で投資会社・ファンド・年金などによって管理される全運用資産の4割前後はESG的なスクリーニングを受けている。

・グリーン、サステナブル、再エネ、EV、ソーシャル、人権尊重は、食、住宅、自動車、エネルギー、材料、ケミカル、アパレル、航空、IT、陸上輸送など、主だったセクターでの顕著は競争要因として台頭し、勝敗をわける重要な一因となっている。

　このリストを、おそらく10倍ほど長くすることは、それほど難しくありません。

　2015年以降に加速しているこれらの変革ドライバーは、2020年頃からみられる第四の波の台頭と連動しているかのように、ビジネスの「新しい標準」を作り出しています。ビジネスランドスケープの座標軸そのものが動いていることを意味します。そして、ビジネスパーソンとして、いまこそ、「イノベーションの革新」、言い換えれば、サステナビリティ・イノベーション（SDGsやリジェネラティブを含む）の、自社ならではの勝ちパターンを真剣に探しに行くべき時期に入ったことをも意味します。

　そのイノベーションは、しかし、「製品・サービス・技術」に限ったものではありません。第2部のワーク編で詳しく紹介するように、今後は、「製品・サービス」に加え、「プロセス」、「マーケティング」、「組織運営とパートナーシップ」という、4つの分野における包括的で統合的な「サステナビリティ・イノベー

9　"Going Plant-Based: The Rise of Vegan and Vegetarian Food, Euromonitor International, 2021

ション」が求められています。その過程には、企業におけるほとんどすべての主要部署が役割の一旦を担うことになってきています。

「サステナブル・カンパニー」の新しい実践モデル

　いよいよ、第1部の終わりに近づいています。SDGs戦略を実践するためのツールとリソースを紹介する前に、21世紀半ばに向けた企業の新しい実践モデルと、競争力の再定義に焦点を当てたいと思います。私は、この分野に長く身を置いている人間であるにもかかわらず、ごく最近、ようやく自分なりに納得がいく持続可能な会社＝サステナブル・カンパニーの実践モデルをきちんと概念化することができました。

　これまでみてきた歴史、4つの波、イノベーションの再定義などを受け、これから**企業が世の中の持続可能性に寄与しつつ、自社も持続可能になるために取り組む最も根本的な要素は、下図のようなものになると思います。**

図表 サステナブル・カンパニーの実践モデル

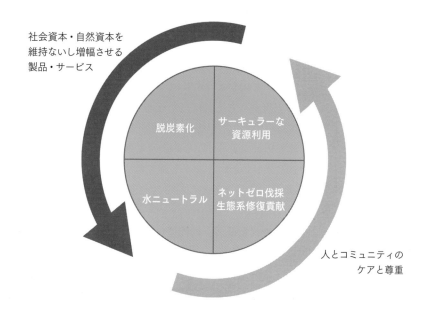

社会資本・自然資本を維持ないし増幅させる製品・サービス

脱炭素化

サーキュラーな資源利用

水ニュートラル

ネットゼロ伐採生態系修復貢献

人とコミュニティのケアと尊重

このモデルの中央部にあるのは、プロセスやオペレーションの大原則。

　外側にある２つ矢印は、価値を生む製品・サービス、そしてステークホルダーとのかかわりです。

　メーカーであれば特に強く感じますが、メーカーでなくても「脱炭素化」＋「サーキュラーな資源利用（設計段階やビジネスモデルの構築から考慮）」＋「水ニュートラル（水源を枯渇させない水消費）」＋「正味で伐採に寄与しないオペレーションや、生態系修復への貢献」は、もはや事業オペレーションにおける最も基礎的な条件になりつつあります。一夜にしてできるものは少ないのですが、方向性は明確です。

　しかし、企業は当然製造などといった「事業オペレーション」だけで価値を生める存在ではありません。製品やサービスをつくり、顧客、社員、取引先、地域社会、株主などさまざまな利害関係者との関係性のなかから「価値」というものが生まれ、その関係性のなかで図の中央部にある「コスト」が、初めて「売り上げ」や「利益」へと転換します。

　このモデルのどの領域をとっても、課題、言い換えればチャレンジは山積しています。コストをかけないと前進できない時もあります。成果を生むのに時間がかかるも場合も少なくありません。価値に転換させるには、経営手腕が問われます。しかし、おそらく読者にとって、一番悩ましく思われるのは、図左上の「社会資本・自然資本を維持ないし増幅させる製品・サービス」ではないでしょうか？「これって、いったい何を意味するのか」、と。

　しかし、冷静に、反対の表現から考えれば当たり前のことです。社会資本と自然資本を食いつぶす、あるいは犠牲にする製品とサービスは、いつまで経っても、「持続可能」になりえません。よって、そのような製品とサービスを生み出し続ける企業も、「サステナブル」というタイトルを付すことはできないはずです。

　しかし、である。ここに、近代型経済、近代型企業にとっての最大級の難関があります！

　ほとんどすべての企業は、あれこれがんばってはいますし、中央部分の事業オペレーション面で積極的に取り組んでいる企業も多く存在しますが、生み出す製品やサービス（特に、大量の物質やエネルギー消費を伴う場合）の大半は、結果

的に自然資本（一部は、社会資本も）を劣化させてしまっています。それを示すデータは、既にこの第1部で触れてきましたが、その経済発展の負の側面は、「私たちのこれまでの暮らし→経済活動→モノとサービスの生み出し方」に由来しています。

　この極めて厳しい現実を直視しない限り、「持続できる社会」は、到来しません。少なくとも、21世紀半ばに予想される地球人口100億人の世界では、実現不可能です。そのため、今後、自社の発展や成長と、社会・自然・未来との間の「トレード・オン」を志向するのであれば、上記のモデルに描かれているような「条件設定」から目をそらすことはできません。また、自社の都合に合うように事実を歪曲したり、ウォッシュしたりすることもできず、真っ向から、一歩ずつ行動を重ねていくほかありません。

第5の競争軸が意味すること

　2009年以来、私は「グリーン・イノベーション」と「サステナビリティの追求」を第5の競争軸ととらえてきました。本書を読まれる方は、既にそのコンセプトに触れられているかもしれませんが、ここでは1つの新しいアングルをこの考えに追加したいと思います。
　まず、ごく簡単に第5の競争軸とは何かを紹介します。「競争軸」とは、その時代や市場において勝敗を分ける、決定的に重要な競争要因を指しています。20世紀後半まででいうと、私は主に4つの軸に着目してきました。

1．自己変革力（ビジネスモデルまでをも革新できる力）
2．マーケットシェア（マスマーケットを狙うのか、それともニッチでいくのかも含める）
3．プライシング（価格戦略、値付け —— どの路線で価格設定をするか）
4．プロセスと製品の品質（品質マネジメント）

　これら4つは、21世紀の市場においても、当然欠かすことができません。
　しかし、その4つに、現在下図のように「第5の競争軸」が加わり、競争の在り方を大きく変えつつあります。

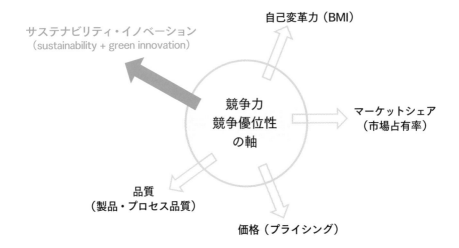

図表 第5の競争軸

自己変革力（BMI）

サステナビリティ・イノベーション
（sustainability + green innovation）

競争力
競争優位性
の軸

マーケットシェア
（市場占有率）

品質
（製品・プロセス品質）

価格（プライシング）

　様々な業種において、この第5の競争軸が年を追うごとにより大きな意味を持つようになっていることは、読者もお気づきだと思います。当然、業種によってその威力は異なりますが、市場全体を見渡すと、確かに、従来の競争要因に、この新たなファクターが強力に加わっているといえます。

　しかし、本書の分脈である「SDGsビジネス戦略」からみると、もう少し違ったアングルからとらえても、企業を取り巻く競争環境が質的な変化に差し掛かっています。SDGs誕生以前から私はこのことを「共創のなかの競争」という表現でとらえてきましたが、SDGsが発表されたことによって、競争の土台や前提が大きく変化していることは、一層はっきりしてきました。

　SDGsという枠組みが私たちビジネスパーソンに提供してくれるのは、「競争の新しい外枠」のようなものです。つまり、企業はこれからも切磋琢磨し、個別市場において、あるいは個別商材の分野で競争しますが、その過程のなかで、The Greater Good＝全体益、地球益、未来益（＝より大きな善）を見失わずに、競争すべきであるということ。これが、SDGsが私たちに送ってくれている大切なメッセージです。競争の外枠としての共創の重要性を忘れないようにすること。将来社会の健全性を可能にするための基礎条件をふまえたうえで、競い合

うこと。これは、国際社会の総意というだけでなく、ある意味、声なき将来世代からの、私たち現代人への嘆願のようなものとも受けとめることもできるのではないでしょうか。

第5章 SDGs を戦略に組み込み、イノベーションの起爆剤とするために

「うちの社員は、なんといってもまじめです」

様々な日本企業と仕事をするなかで、社員について最も頻繁に耳にする言葉です。そして、その発言のとおり、大多数の人は与えられたタスクに、とても真面目に取り組みます。

SDGsに関しても当然この企業カルチャーの特性が働きます。SDGsが、新たなタスクとして担当部署や社員に与えられると、まるで学校の宿題を得たかのごとく、一種の正解を求めつつ取り組みます。これは、日本に勤める企業人の大きな強みの1つであると同時に、どうやらSDGsへの対応においては、足かせになるときも少なくありません。

SDGsに正解はありません。あるSDGs目標の番号に対して、「こう取り組んだら正しい」というものは存在しません。さらに、17目標の下にぶらさがる計169のターゲットに対しても、直線を引くようなイメージで取り組まなければならないことはありません。加えていうならば、これまでやってきた「社会や環境に対してよいこと」を、上手にSDGsのアイコンを使って整理をしても、とりわけ「SDGsを推進している」ことにはなりません。

SDGsは、簡単に答えが見つけられる「宿題」ではなく、上手に活用するためには、次のようなことを認識する必要があると思います。

❶ SDGsそのものが重要ではありません。

究極的に、SDGsが重要ではなく、「現在より持続可能な社会を実現するための行動」が求められています。SDGsは、あくまで人類の共通アジェンダであり、行動を起こすにあたって参考になる便利なフレームワークです。1つずつの細かい部分にとらわれるより、その根底にある危機感と、大きな方向性をふまえ、自社として貢献できることを「これまで以上に」実践することがポイントです。

❷ 個別ターゲットに「ない」からといって、取り組む意味がないとは限りません。

　SDGsには、17の目標と169のターゲットがあります。しかし、個別のターゲットにちょうどよい文言がないからといって、取り組む意味がない訳ではありません。一例を紹介しましょう。某製薬会社は、ある取り組みが社員のウェルビーイングに貢献するととらえていましたが、目標3「すべての人に健康と福祉を」の関連ターゲットに、「社員」という文言がなかったので、その新たな取り組みがSDGs目標3に該当するか否かに言及してよいか、悩んでいました。

　これに関しては、悩む必要がありません。目標3の全文は、「あらゆる年齢のすべての人々の健康的な生活を確保し、福祉を促進する」となっていて、これには「社員」も当然含まれます。

　広い視点から（あるいは、本質的な視点から）SDGsが訴えようとしているエッセンスを咀嚼し、自社ならではの活動を進めることで問題ありません。

❸ SDGsは広報ツールではありません。

　取り組むにあたって求められているのはサステナビリティ（リジェネラティブな）・イノベーションです。SDGsは広報ツールでもなければ、説明責任だけを果たすためのフレームワークでもありません。

　現在の地球社会が持続不可能であり、短いうちに飛躍的な変革を実現しない限り、人類は安全で豊かな未来を迎えることができません。この危機感の上にSDGsがまとまり、そして、その変革・変容＝トランスフォーメーションに企業として寄与することが求められています。

　当然、やっていることを積極的に発信することは大歓迎ですが、「これまでと何ら違うことをやらずに」、つまり、これまでの活動をSDGsでとらえなおしただけでは、正直、胸を張ってSDGsの達成に貢献しているとは言えないと思います。

　否定形から入ったこの3つの基本的な認識をふまえ、本書の残りでは、「肯定形」でやれることや、現場でできることにページを割きます。多種多様なワークツール、情報源、思考ツールを紹介します。本章の最後に、この"肯定形"でとらえた17目標にまつわる「イノベーション」の例を描き、そのあと、組織における「浸透」と「主体者」に触れて、ワーク編へと移ります。

⬤ 次世代型イノベーションを発掘するツールとしての17目標

　ここで描く「イノベーション事例」はあくまで参考としてのものです。できる限り、世界と日本双方の視点を入れ、事業と非事業的な取り組みを含み、そして中には、少し読者が意外と思えるものも加えてみました。SDGsは、このようにより健康的かつ幸せで、持続可能な社会をつくるためのイノベーションのよき起爆剤として活用できるものです。

SDGsのアイコン	正式な目標の定義	連想される企業のイノベーション（例）
1　貧困をなくそう	あらゆる場所で、あらゆる形態の貧困に終止符を打つ	・途上国での雇用創出（目標8と連動） ・日本における相対的貧困に苦しんでいる人のためのサービス、雇用、製品開発 ・持続可能な経済発展と産業創出への貢献
2　飢餓をゼロに	食糧の安定確保と栄養状態の改善を達成するとともに、持続可能な農業を推進する	・再生型農業、持続可能な農業と漁業への投資と、それによる事業発展 ・途上国における栄養価が高く、貧困層にも届く食品の開発・販売 ・日本における自治体連携、農家連携による食料自給率の向上と地産地消の促進
3　すべての人に健康と福祉を	あらゆる年齢のすべての人々の健康的な生活を確保し、福祉を推進する	・社員の高福祉＋高いレベルのウェルビーイングの実現、うつ病などメンタル率の減少への革新的な取り組み ・社会の広い層に対するヘルス＆ウェルビーイング関連のサービス、持続可能な製品提供 ・弱者、生活困窮者などへの新たな医療サービスや医薬品の提供 ・幸福度の高いワークライフおよび社会の実現への自社らしい貢献
4　質の高い教育をみんなに	すべての人々に包摂的かつ公平で質の高い教育を提供し、生涯学習の機会を促進する	・EdTechを通じて、世界中の意欲ある若者にバーチャルな学びの場を提供する ・日本における相対的貧困の子供たちのためのオンラインカレッジをつくる ・高齢化する社会における「人生100年の教育サービス」 ・学校、教育インフラ、教材が不足している国での教育事業の展開 ・刺激的で人生を豊かにする社員教育

5	ジェンダー平等を 実現しよう	ジェンダーの平等を 達成し、すべての女 性と女児のエンパ ワーメントを図る	・自社における女性管理職の高い目標を設定し、産 　業界の変革を牽引する ・途上国における女児教育の展開（目標4と連動） ・相対的貧困に直面する日本の女性の職業訓練 ・途上国女性の職業訓練と起業家支援
6	安全な水とトイレ を世界中に	すべての人々に水と 衛生へのアクセスと 持続可能な管理を確 保する	・途上国における手洗いキャンペーン、安価な石 　鹸、洗剤などの提供・販売 ・途上国における水インフラの整備 ・高効率の灌漑技術の開発と普及 ・水の安全保障確立のための社会貢献活動
7	エネルギーを みんなに そしてクリーンに	すべての人々に手ご ろで信頼でき、持続 可能かつ近代的なエ ネルギーへのアクセ スを確保する	・再生可能エネルギーなど自然エネルギーの事業展 　開 ・途上国におけるソーラーなど、分散型再エネの事 　業展開 ・エネルギー効率の高い製品の開発 ・途上国における新しいエネルギーインフラへの投 　資・参画・事業展開
8	働きがいも 経済成長も	すべての人々のため の持続的、包摂的か つ持続可能な経済成 長、生産的な完全雇 用およびディーセン ト・ワークを推進す る	・途上国における大都市行政との連携による持続可 　能な経済発展計画の策定への参加 ・途上国における健全な雇用創出（目標1と連動） ・生活困窮者の雇用機会の創出 ・障碍者の積極的な採用と意味ある仕事の提供 ・海外労働者の模範的な雇用と活用 ・人口成長が著しい途上国における若者の雇用によ 　る犯罪防止
9	産業と技術革新の 基盤をつくろう	レジリエントなイン フラを整備し、包摂 的で持続可能な産業 化を推進するととも に、イノベーション の拡大を図る	・気候変動や水循環の視点からも「スマート」とい 　える都市と住居の開発 ・防災など強靭な地域・社会の構想と実践への参加 ・途上国における持続可能な産業化への参画・支援 ・途上国におけるインターネットなど通信手段の提 　供・普及 ・途上国における研究開発拠点の設立と運営
10	人や国の不平等 をなくそう	国内および国家間の 不平等を是正する	・自社におけるあらゆるハラスメントの徹底的な排 　除 ・非常に高いインテグリティ（誠実性）を実現 　し、不祥事が発生しないカルチャーをつくる ・社会的弱者のエンパワーメント（目標3、4、5 　とも連動） ・社員や取引先に対する適正でフェアな支払いを通 　じて、より平等で公正な社会に貢献

11	住み続けられる まちづくりを	都市と人間の居住地を包摂的、安全、レジリエントかつ持続可能にする	・スマートシティ、リビングシティ、エコビレッジ、環境共生型集合住宅などの展開 ・安全で長期利用できる安価な住宅を途上国のメガシティにおいて提供する ・日本の生活困窮者のための、おしゃれで心地いいローコスト住宅の提供 ・新しいコミュニティづくり（世代を超えた連携や菜園などを盛り込む）
12	つくる責任 つかう責任	持続可能な消費と生産のパターンを確保する	・自社の生産やオペレーションにおける脱炭素化（再エネの採用など）、資源循環の促進、エコデザインの導入、無駄の排除、副産物の有効活用など ・持続可能な製品・サービスラインの開発と積極的な消費者の啓蒙、連携、協働 ・シェアエコノミー、資源循環を前提とした新しいビジネスモデルの展開 ・途上国における低コストサステナブル製品ラインの展開
13	気候変動に 具体的な対策を	気候変動とその影響に立ち向かうため、緊急対策を取る	・国連の1.5℃目標への明確なコミットメントや、SBT（科学的削減目標）へのコミットメント ・企業コンソーシアムで気候変動対策と革新を推進 ・自然を活用したnature-based solutionsや、nature-basedインフラの研究と事業化 ・途上国における気候レジリエンスの高い住宅、都市、インフラ事業への参画（目標9、11と連動）
14	海の豊かさを 守ろう	海洋と海洋資源を保全し、持続可能な形で利用する	・持続可能な漁業や魚介類の調達 ・持続可能な養殖事業の展開 ・海の浄化への参画と、アップサイクリング製品（プラスチック再利用）の開発 ・海洋プラスチック防止などへの積極的な参加 ・海洋関連技術の開発・事業展開
15	陸の豊かさも 守ろう	陸上生態系の保護、回復および持続可能な利用の推進、森林の持続可能な管理、砂漠化への対処、土地劣化の阻止および逆転、ならびに生物多様性損失の阻止を図る	・植林への貢献（目標13と連動）、FSC認証紙など持続可能な森林資源の積極活用 ・持続可能な農業の実践による土壌劣化の回避（目標1と連動） ・日本における間伐材の有効利用、高付加価値化 ・途上国における緑化計画への参画 ・動物保護など生物多様性の保全への社会貢献的取り組み

16	平和と公正を すべての人に	公正、平和かつ包摂 的な社会を推進し、 すべての人々に司法 へのアクセスを提供 するとともに、あら ゆるレベルにおいて 効果的で責任ある包 摂的な制度を構築す る	・高いレベルの企業統治を実現し、どこよりも包摂 的な企業カルチャーを実現する ・取引する国における司法へのコミットメント ・地政学的リスクの事前検討と、戦略の立案 ・社員のための通報窓口など、人権課題の侵害が あった場合に、誰もが気軽に使える仕組みの構築 と運用
17	パートナーシップで 目標を達成しよう	持続可能な開発に向 けて実施手段を強化 し、グローバル・ パートナーシップを 活性化する	・持続可能なビジネスをテーマとしたオープン・イ ノベーションの推進や、プラットフォームなどへ の参加 ・国際的なパートナーシップへの積極的な参加 ・地域における社会・環境関連のパートナーシップ への積極的な参加 ・お客様、取引先、社員など参加型の寄付活動によ り、直接途上国の生活改善に貢献する

● 組織における「浸透」は参画とアウトプットから始まる

　第1部の最後に、組織における実践と浸透についてです。

　多くの企業組織では、新しい施策が打ち出されると社内コミュニケーション、通達、研修などでその内容を社員に伝え、徹底させようとします。しかし、なかなか「自分事化」しないという声を頻繁に耳にします。ややもすると遠い存在に感じられるSDGsも同じです。浸透がなかなか難しいし、社員にとって身近なものにならない——そんな悩みを度々聞かされます。

　そこで、私が必ずといっていいほど挙げるキーワードは、日本語にある「身につく」という、とても魅力的な言葉です。通達、社内報、通常の一方通行の研修では、「理解」することができても、「身につく」ことはあまり期待できません。そして、自分のモチベーションと連動していないため、すぐに忘れてしまいます。

　これを乗り越えるために、何より社員（幹部層含む）に「アウトプット」させないといけません。「インプット」だけでは、身につきません。「アウトプット」をさせてはじめて自分事化も進んでいきます。自分事化が進むと、主体性が生まれます。主体性が生まれると、自ら、積極的に、革新的に取り組もうという姿勢が芽生えてきます。この好循環を作り出すことが大切です。それができなけれ

ば、SDGsも絵に描いた餅になり、「あってもかまわないけど、いまひとつピン
ときていない」ような存在で終わってしまいます。

　「浸透＝アウトプット」という、ごく簡単な方程式に基づいて、このあとワー
ク編を構成しています。ほとんどのツール、アセスメント、エクササイズは、経
営者、幹部層、社員の参加と主体的なアウトプットが前提となっています。で
は、いよいよ第２部へとコマを進めていきたいと思います。

第 **2** 部

ワーク編

行動は5つのｉでまとめる

現場で活用できる「経営ツール」

　ワーク編は2つの要素を含んでいます。1つ目は、企業現場で目的に合わせて活用できる経営ツール。2つ目は、SDGsに関する重要な情報源。最初に「経営ツール」について、詳しく紹介します。

　自社にとって最も必要と思われるSDGs経営ツールを見つける方法を、2つ用意しています。

　1つは、下に紹介するサステナビリティ経営コンパス（羅針盤）を使って、多面的に自社の経営の在り方、SDGsへの取り組み方を検証する方法です。5つの「i」に沿って、パーパスから実践にいたるまで、論理的なステップで検証していきます。もちろん、その中の一部のツールのみを使うことがほとんどの場合になるかと思います。企業経営のさまざまなステージにおいて、広く活用できるツールを用意しています。

　もう1つの見つけ方は、目的別にツールを選ぶ方法です。そのために、5iのサステナビリティ経営コンパスの下に、目的別の索引も紹介します。これらのツールの一部は、長年サステナビリティ経営の分野でご一緒しているサステイナブル経営総合研究所の多田博之代表とともに考案・検討したものです。

5i－サステナビリティ経営コンパス

　経営には、フローがあります。順序があります。ステップがあります。首尾一貫した取り組み方が求められる場合があります。そのため、SDGs（サステナビリティ）と経営の在り方を再検討するための5つのステップとして、下記のサステナビリティ経営コンパスの、5i（ゴ・アイ）を提案したいと思います。これは、私が教授を務めているビジネススクール、大学院大学至善館のある研修で考案し、後に東芝のデザイン部のメンバーとともに磨きをかけたものです。

　SDGsの達成に向けて、企業は「持続可能な価値＝sustainable value」や、社会・自然環境の再生・修復に寄与できる「regenerative value」を生み出すことが期待されています。単なる「持続的価値創造」とは質的に異なる価値のことを指しています。持続可能・リジェネラティブな価値創造には、第1部の理解編で

詳しくみてきたように、社会・環境的な分脈を経営やイノベーションの前提におくことが求められます。しかし、これは簡単に、かつ断片的にできるものではありません。むしろ、時間のかかる、時には複雑な経路を辿る旅のようなものです。その旅の各ステージを的確にとらえ、より確かな航海をするためのツールが「5i −サステナビリティ経営コンパス」なのです。

図表 5i - サステナビリティ経営コンパス

② Innovation 〈新価値〉

どの企業も価値を創出し、その対価として得る売り上げで成り立っていますが、SDGs に含まれる課題を解決するためには、社会環境的分脈を踏まえた（活かす）持続可能な新価値を発掘し、形にすることが必要不可欠になります。

③ Intrapreneurship 〈人材〉

サステナブル／リジェネラティブなイノベーションの担い手は、企業の人材です。その人材が創造的に動ける風土と仕組みを整えると同時に、イントラプレナーとしてより主体的かつ起業家的に問題解決に挑めるための取り組みが必要です。

① Intention 〈パーパス〉

企業のビジョン・戦略の前に来る（土台となる）のは、その企業のインテンション＝経営の意図です。言い換えれば、対社会・大未来の「パーパス」とも言えます。これが不明確であれば、「何のための価値創出＝イノベーション」を目指すかも曖昧になってしまいます。

実践においては、社内外の課題（コストや組織における抵抗感、市場における受容など）を乗り越えることが必要になります。併せて、社外においては、自社のコミュニケーション、ブランディングやマーケティングの強化・刷新にとどまらず、パートナーシップなどで他社や他の機関との共創が求められます。

経営の将来増のみならず、経営計画、ビジネスモデル、研究開発、評価制度などに SDGs やサステナビリティの視点を統合し、加速を図るための各種仕組みを整えることが必要になります。

⑤ Implementation 〈実践〉

④ Integration 〈仕組み・統合〉

この経営の羅針盤〈コンパス〉に沿って、それぞれのフィールドにおいて3〜4つの経営ツールを紹介するほか、先述のとおり、目的別──「現状把握」、「理解」、「行動」、「表現」──でも探せるように整理しています（p.55参照）。これらのツールの中には、世の中でこれまで長年にわたり広く使われているもの、近年考案されビジネス界で活用され始めているもの、そして、本書オリジナルのものが含まれます。その時々のニーズに合わせて、最も効果的と思われるツールを選択してお使いください。

① Intention〈パーパス〉

自社の意図・理念・パーパスの検証＋社員の思いとの相乗効果（トレード・オン）の発見

ツール名	活用法
1-1 シナリオ・プランニング	1. シナリオの中から自社の中長期的な「在りたい姿」を見つけること、実現したい将来像を描くことに役立てる。 2. 5iモデルの各フィールドの前提として、複数の異なるシナリオを描き、それぞれにおける5iの在り方・内容を検証する。
1-2 SDGs経営アセスメント	自社のサステナビリティ経営の現状を、5iの各側面に沿って採点し、強弱を確認する。そこから、次なるアクションを発見する。
1-3 パーパス・ワークショップ	社員一人一人の価値観や経験を紐解きながら、会社のパーパス・ビジョン・ミッションとの接点や親和性を探る。

② Innovation〈新価値〉

新しい企業価値・事業価値の初期発掘と必要なイノベーション活動の明確化

ツール名	活用法
2-1 バックキャスティング	在りたい姿〈将来像・将来目標〉への道筋（イノベーション・ジャーニー）を具体的に描く。
2-2 経営イノベーションの4側面検証 （製品・サービス／プロセス／マーケティング／マネジメントとパートナーシップ）	1. 自社の現状確認（4側面ごとの棚卸）。 2. 今後強化すべきイノベーション活動を4側面で発掘し、整理する。
2-3 トレード・オン・マッピング	自社ならではの価値創出領域や新規取り組み案・事業ネタを発掘し、明文化し、4側面のイノベーション活動との連動を明確にする。

③ Intrapreneurship〈人材〉

社員をエンパワーし、主体的な行動を促すための活動

ツール名	活用法
3-1 2030SDGsゲーム・ワークショップ	ゲーム感覚でSDGsの内容を学び、主体性を高める。
3-2 SDGsターゲット・ファインダー®	17目標、169ターゲットを独自のビジュアルツール、ターゲット・ファインダーで確認し、リテラシーの向上とSDGsの自分事化を図る。
3-3 ソーシャル・イントラプレナー診断（個人編・組織編）	個人として、SDGsに取り組むイントラプレナー的性質を持ち合わせているか＋組織としてイントラプレナー育成に効果的に取り組めているかを検証する。
3-4 ソーシャル・イントラプレナー育成のための「イントラプレナー・コンパス」	SDGsなど社会・環境課題に取り組むソーシャル・イントラプレナーの活動を、9つの側面から検証・支援するワークツール。

④ Integration〈仕組み・統合〉

自社の経営計画・評価制度・人材育成、中長期の目標設定、ビジネスモデルへの統合

ツール名	活用法
4-1 経営計画等への統合	中期経営計画・評価・人材育成などへの統合のポイントを整理。
4-2 ロジック・モデルで活動を整理する	自社として注力するSDGs・サステナビリティ関連課題をロジック・モデルで整理し、アウトプット、中期的アウトカム、長期的インパクトとして整理する（価値創造ストーリーの整理）。
4-3 ビジネスモデルキャンバスのワークショップ	ビジネスモデルキャンバスを活用したSDGs的価値提案と収益モデルのブレスト・検証。

⑤ Implementation 〈実践〉

実際に社会・市場にて行動を重ね、企業価値を生むためのアプローチ

ツール名	活用法
5-1 SDGsコミュニケーション原則	SDGsウォッシュ、グリーンウォッシュにならないコミュニケーションのための5つの原則と、現状確認。
5-2 ブランド強化検証ツール	自社のブランドに、性能的卓越性（QCD的側面）だけでなく、社会的卓越性（社会・SDGsに対する姿勢と活動の発信）を加えるための検証。
5-3 パートナーシップモデル	他社・他者などとの協働や共創に向けたアプローチの検証。

経営ツール 目的別に紹介（上記と同じツールです）

大目的	中目的	該当するツール
自社の現状を把握する	自社の強弱を確認する	1-2 SDGs経営アセスメント 3-3 ソーシャル・イントラプレナー診断
	会社と個人の存在意義・使命を検証する	1-3 パーパス・ワークショップ
	日常業務における改善点を発見する	2-2 経営イノベーションの4側面検証
理解を深める	時代の中長期的な動きを把握する 自社の在りたい姿を検証する	1-1 シナリオ・プランニング
	社会課題・SDGsの内容を深く理解する	3-1 2030SDGsゲーム・ワークショップ 3-2 SDGsターゲット・ファインダー®
行動する	取り組む活動・道筋を明確にする	2-1 バックキャスティング
	新たな企画・事業のネタを発掘する	2-3 トレード・オン・マッピング
	経営の各側面に統合する	4-1 経営計画等への統合
	ビジネスモデルに統合する	4-3 ビジネスモデルキャンバス
	SDGsの価値創造ストーリーと中長期の目標と最終成果を明確にする	4-2 ロジック・モデルで活動を整理
	社員の行動力を高め、社会起業家的気質と実行力を向上する	3-4 ソーシャル・イントラプレナー育成のための「イントラプレナーコンパス」
	外部パートナーを探す・協働・共創する	5-3 パートナーシップモデル
表現する	効果的にSDGsコミュニケーションを図る	5-1 SDGsコミュニケーション原則
	自社ブランドの強化ポイントを見つける	5-2 ブランド強化検証ツール

① Intention 〈パーパス〉

企業のビジョン・戦略の前にくる（あるいは、その土台となる）のは、
その**企業のインテンション＝経営の意図**です。
言い換えれば、対社会・対未来の「パーパス」とも言えます。これが不明確であれば、
「何のための価値創出＝イノベーション」を目指すかも曖昧になってしまいます。

➡ **57** ページ〜 **83** ページ

② Innovation 〈新価値〉

どの企業も価値を創出し、その対価として得る売り上げで成り立っていますが、SDGs に含まれる課題を解決するためには、社会・環境的分脈を踏まえた（活かす）持続可能な**新価値**を発掘し、形にすることが必要不可欠になります。

➡ **85** ページ〜 **104** ページ

③ Intrapreneurship 〈人材〉

SDGs の達成に向けたサステナブル／リジェネラティブ（再生・修復型）なイノベーションの担い手は、企業の**人材**です。その人材が創造的に動ける風土と仕組みを整えると同時に、イントラプレナーとしてより主体的かつ起業家的に問題解決に挑めるための取り組みが必要です。
※ここでいう「イントラプレナー」とは、事業系の新企画を立ち上げる社員だけでなく、非事業系・社会貢献などの新企画を自主的に始める社員も含まれます。

➡ **105** ページ〜 **125** ページ

④ Integration 〈仕組み・統合〉

経営の将来像のみならず、経営計画、ビジネスモデル、研究開発、評価制度、人材育成などに SDGs やサステナビリティの視点を**統合**し、加速を図るための各種**仕組み**を整えることが必要になります。

➡ **126** ページ〜 **142** ページ

⑤ Implementation 〈実践〉

実践においては、社内外の課題（コストや組織における抵抗感、市場における受容など）を乗り越えることが必要になります。
併せて、社外においては、自社のコミュニケーション、ブランディングやマーケティングの強化・刷新にとどまらず、パートナーシップなどで他社や他の機関との共創が求められます。

➡ **144** ページ〜 **160** ページ

1-1 シナリオ・プランニング

目的・概要

シナリオ・プランニングは、アメリカの未来学者、ハーマン・カーンが1950年代に米軍と行うプロジェクトの中で考案した、未来探索の手法です。その後、シェル石油が1970年代初頭に、初めて企業の将来計画策定の1つの手法として取り入れ、その後、徐々にビジネス界に広まっていきました。

我々は、つい「起きてほしい未来」から先の行動を考えがちですが、そこに大きな落とし穴があります。まずは、起こりうる複数の未来像〈シナリオ〉から発想し、未来に関する幅広い対話をすることが大切です。ここで紹介するシナリオ・プランニングは、このような未来探索に限定せず、最終的に、自社として実現したい「理想的な未来像」の描写の一助として活用されることを想定しています。

効果・他のツールとのつながり

[効果]
・社内の異なる部門のメンバーが参加することで、将来の社会や事業環境と自社への影響、自社として目指したい将来像やパーパスに関して、ゲーム感覚で議論ができ、確かなアウトプットが導かれる。

[他ツールとのつながり]
・ツール「1-3 パーパスワークショップ」や、在りたい未来（シナリオ）への道筋を描く「2-1 バックキャスティング」との連動性が高いです。さらに、必要なイノベーション活動を社内横断的に洗い出す「2-2 経営イノベーションの4側面検証」や、具体的な事業モデルを描く「4-3 ビジネスモデルキャンバスのワークショップ」とも効果的に組み合わせられます。

👥 参加人数

8〜25名程度。

シナリオ・プランニングは、できれば最低2つのチームで実施したほうが理想的です。

25名、5チームを超えると、全体共有などが難しくなりますので、8〜25名での実施をおすすめします。

🕐 所要時間

準備段階：参加者全員は、事前にシナリオワークショップの「アジェンダ（検討内容）」に関して用意された資料に目を通します。事務局は、この資料集（下記参照）の準備時間がかかります。

実施段階：1日〜2日（最低必要な日数です）。

事後　　：各グループでアウトプットをまとめる場合は、その時間の確保が必要になります。

💻 必要な環境・備品など

ワークショップができる部屋（島が組める）、もしくは、オンラインホワイトボード（Miroなど）とブレイクアウトルームが活用できるオンライン環境の用意が必要です。

対面式での実施の場合は、グループ数と同じ数のホワイトボードと、模造紙、大きめのポストイット、ペンが必要です。

オンライン実施の場合、このようなツールは必要ありません（オンラインホワイトボードを事前にデザインする必要があります）。ZOOMなど、ブレイクアウトが行いやすいオンライン環境を用意します。

📅 実施プログラム案（1日でワークショップを実施する場合／それが実施可能な最短スケジュール）

あらかじめ「アジェンダ」が設定され、「グループ編成」が終了していると仮定。なお、このプログラム中に含まれる用語に関しては、下記にて説明します。

9:00	オリエンテーション（目的の説明、アジェンダの説明）、自己紹介、アイスブレイクなど
9:30	**全体共有**：資料集からのハイライトの紹介とQ&A
10:15	グループワーク1：確定要素と重要な不確実性の洗い出し
11:15	**全体共有とディスカッション** ・確定要素に関する合意 ・重要な不確実性を6〜8つ程度リストアップします（あらかじめ設定される場合も）
12:00	ランチタイム
13:00	グループワーク2：シナリオの軸の選定と、シナリオ（4象限）のタイトル＋短いストーリーの文書化
15:00	休憩
15:15	**全体共有**：それぞれのグループのシナリオ（4象限）の共有
16:00	グループワーク3：望ましいシナリオの選定と詳細化 ※グループごとに、別々のシナリオマトリクスで実施することも、ディスカッションを経て選定した共通のシナリオで実施することも可能です
17:00	**全体共有**：それぞれのグループから、望ましいシナリオと自社への影響に関する共有
18:00	**ラップアップ**： ・参加者から、1分程度で気づき・学びなどを共有する ・事務局から次のステップ、活用方法などを共有する
18:30	終了

※1泊2日の合宿などにて実施する場合は、より各テーマの議論の深堀を行い、最終的なまとめに時間をかけます。それが理想的な実施スケジュールです。

実施ステップの詳細

ここでは、短時間でも実施可能な簡易版シナリオ・プランニングのステップを紹介します。

ステップ❶ アジェンダとタイムフレームの設定

シナリオ・プランニングは、アジェンダの設定が命です。

アジェンダでは、まず、何について議論したいか、どのタイムフレームで考えるか（何年の未来シナリオかを策定する）、そして、対象地域（日本、アジア、

世界など）を明確にします。この「アジェンダ」は、シナリオ・ワークシップを進めていくなかで、常に立ち戻る拠り所になります。

⚠️ **3つの注意点：**

> ・アジェンダは、自社を取り巻く**外部環境に焦点を当てる**ことがポイントです。
> 主語は「自社」ではなく、社会、ステークホルダー、市場など外部環境の重要な要因とします。
>
> ・アジェンダは、**焦点が明確でなければなりません。**
> 曖昧なアジェンダ設定は、焦点のぶれた議論につながります。
>
> ・アジェンダは、**「長期的」**でなければなりません。
> 「長期」とは、当然業種によって異なります（エネルギー業界とIT業界ではかなり違います）が、短期的な未来計画に、シナリオ・プランニングは向きません。

❌ **シナリオ・アジェンダ悪い例**（アパレルメーカーを例として）：

> **2025年頃、わが社の主力製品の売り上げはどうなるか**

問題点： ・**「自社」が主語**で、外部環境についてみようとしていません
　　　　 ・**短期的**すぎる（シナリオ・プランニングで検討するテーマではありません）
　　　　 ・「売上がどうなるか」は、同じく**自社を主語**としたとらえ方です
　　　　 ・対象地域が明確ではありません

✅ **シナリオ・アジェンダ良い例**（同じアパレルメーカーの場合）：

> **10年後、日本の消費者の消費意識（特にファッションに対して）**
> **と行動はどのように変化しているか**

［アジェンダA］

良い点：・「消費者」という、自社を取り巻く重要な外部プレイヤーが主語となっています
　　　　・「10年後」（普通は、アジェンダに年号を明文化します）は、ぎりぎりシナリオ・プランニングに適したタイムフレームですが、より発想を飛躍させたい場合は、より長期的な設定にします
　　　　・どこの（日本）の、何を（ファッション）に対する消費者の意識と行動を議論するかといった焦点が明確です

ステップ❷　資料集の用意

　シナリオ・ワークシップの参加者が実施前に目を通す、アジェンダに関わる資料集を用意します。

　先述のアパレル関連企業の例（アジェンダＡ）でいうと、「10年後のファッションに対する消費者意識と行動」に関する情報を下の2つの側面から集めて、参加者と共有します。

　この資料集には、「データ」だけでなく、「事例」「未来志向で立ち上がっているベンチャー」などといった、未来の形成に影響を与えそうな具体的な取り組みも入れて大丈夫です。参加者は、これをすべて深く読み込む必要がありませんが、必ずワークショップ実施前に、目を通してもらいます。

マクロ側面（例）

・人口統計学的なデータ（将来予測）
・業界の全体的なマクロデータ（特に将来動向について）
・消費者の価値観の変化に関する情報・論文など
・自社市場の規制動向の将来予測
・環境問題など、社会課題の将来予測や、それによって想定される影響
その他、必要と思われるマクロ経済・社会・技術革新などの将来予測

ミクロ側面（例）

・自社の市場と製品に近い将来予測、新しいベンチャーの事例、新しい研究の紹介など、より業界や自社の商材に近い具体的なデータ、事例、ケース、将来予測

ステップ❸　シナリオワークショップの実施

❸-1 未来の「確定要素」と「不確実性」を議論します

❸-2 その議論を経て、キーとなる「不確実性」を見つけます

❸-3 2つの重要な不確実性から、シナリオの軸を設定します

❸-4 シナリオの4象限を具体的に描きます

❸-5 理想的なシナリオを選定し、深堀を行います

❸-1 確定要素と不確実性を議論します

　シナリオのアジェンダを考えたとき、「確定的」といえる要素とは何か。この「確定要素」は、すべてのシナリオの前提として置いて、シナリオの描写を行います。確定要素は、資料集にあるデータなどに基づいて、参加者でリストアップし、合意します。

例えば、先述のアジェンダAに対してであれば、次のような確定要素が考えられます（一部）:

・日本における少子高齢化がさらに進み、総人口は○○億人前後になっている

・気候変動、環境問題などがさらに顕在化し、天然災害がより頻繁に起きている（これを「確定的」とみれば）

・日本をはじめとした先進国において、循環型経済に向けた政策や、カーボンニュートラル関連の取り組みが加速している

など

　次に、シナリオの**アジェンダに対して、インパクトが大きく、不確実性が高い事象**とは何かを議論します。この不確実性がシナリオの軸になっていきます。アジェンダと関係が薄い／インパクトが小さい／不確実性の振れ幅が小さいような事象は、ここでは意味がありません。メンバーで議論し、できれば6〜8つ程度の重要な不確実性を見つけます（数に決まりがありません）。

例えば、先述のアジェンダAに対してであれば、次のような不確実性が考えられます（一部）:

・消費者のサステナブル消費がメインストリームになるか否か

・アパレル業界のSDGs対応、サステナブル行動の度合・本気度
・国際社会と日本政府のアパレルに纏わる規制動向
・アパレルの循環型技術・サステナブル生産技術の革新の方向性
など

❸-2 キーとなる不確実性を見つける

　ワークショップ参加者全員で6～8つの不確実性をリストアップしたあと、各グループにて、アジェンダと照らし合わせて最も重要になると考える2つの不確実性を選んでもらいます。

その時に、重要なポイントが2つあります。

・アジェンダに対して、インパクトが大きそうで不確実性が高いと考える事象を選ぶこと
・お互いを打ち消すような2つの不確実性を選ばないこと

　例えば、「1：国際的なアパレル関連規制動向の行方」と「2：国内のアパレル関連政策の動向の行方」のようなものではなく、性質の異なる2つの不確実性を選ぶことが重要です。

❸-3 シナリオの2つの軸を設定します

　シナリオ・プランニングは、必ずしも「2つの軸、4つの象限」で議論しないといけない決まりはありませんが、実施しやすくするために、縦軸、横軸の2軸で、4象限のシナリオマトリクスを描く方法をここではおすすめします。

　それぞれのグループのなかで、互いを打ち消さない2つの不確実性を使って、下記のとおり、縦、横の軸を設定し、その両極端をできるだけ具体的な言葉で明記します。

縦軸　消費者のアパレルに対するサステナブル行動が主流になるか否か
横軸　日本のアパレル業界に対する政策・規制動向の行方

ミレニアム世代以降が、価格より
内容・環境・社会の視点で消費することが主流になっている

消費者のアパレルに対する
サステナブル行動が主流になるか否か

政策における環境志向・社会価値重視は限定的

ほぼすべての政策と法律が社会＋循環＋脱炭素化を重視する

アパレル業界に対する政策・規制動向の行方

消費者は、結局自分のコンフォートと
価格を重要視し、サステナブル消費はニッチ止まり

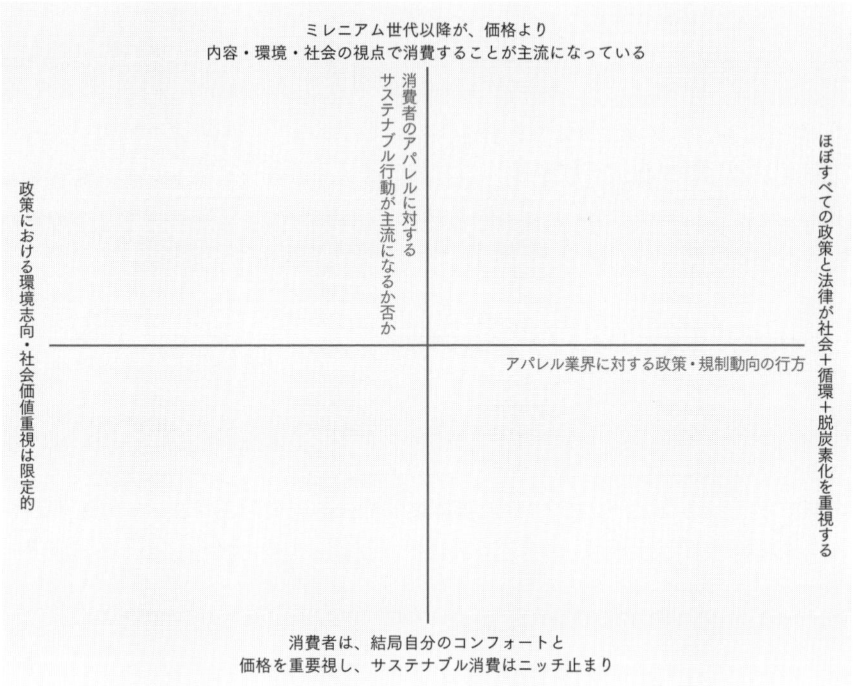

　それぞれの両極端を「現在進行形」で書くとわかりやすいです。つまり、「将来こうなるだろう」という「未来形」ではなく、「こうなっている」という、現在進行形で書きます。

❸-4 シナリオの4象限を具体的に描きます

　ここで重要となるのは、それぞれのシナリオを一目でわかる魅力的で（できれば独自性ある）「タイトル（名称）」と、そのシナリオで実際に起きていることや、社会・市場の状況がよく理解できる「ストーリー」の具体性です。これまで同様に、具体的な事例でみます。下図では、2つの象限のみ、ストーリーも描いてみました。

図表 シナリオのタイトルとストーリー（その１）

ミレニアム世代以降が、価格より
内容・環境・社会の視点で消費することが主流になっている

**ピープル・パワーで広がる
グリーン市場**

ストーリー

グリーン・イズ・ビューティフル

「環境が基準」で消費行動が行われ、政策立案者、業界、消費者は三位一体でサステナブルなアパレル業界の実現に向けて行動している。

アパレルの負の側面は解消されつつあるが、同時に、業界にとっては、「グリーン競争」の激化が見られ、勝者と敗者が明確に選別されている。

ダーク・ファッション

価格優先、一貫性のない政策、過剰な消費などによりアパレル業界は環境破壊が深刻化し、途上国における労働者の暴動や、市民団体による抗議キャンペーンが活発に行われている。業界にとっては、不安と混乱が多く、経済至上主義の競争が繰り広げられている。

**環境規制で動く
「義務ファッション」の世界**

ストーリー

政策における環境志向・社会価値重視は限定的 ← → ほぼすべての政策と法律が社会＋循環＋脱炭素化を重視する

消費者のアパレルに対するサステナブル行動が主流になるか否か

アパレル業界に対する政策・規制動向の行方

消費者は、結局自分のコンフォートと
価格を重要視し、サステナブル消費はニッチ止まり

　ここまでくると、かなり幅のある複数の未来が見えてきましたね。

　伝統的なシナリオ・プランニングでは、ここから自社としてどの未来が起きても対応できるように、戦略オプション（戦略的にとる行動の選択肢）を考えるなど、不確実性の高い未来に備えます。しかし、本書では、サステナビリティ経営コンパスの「経営の意図＝パーパス」を再考・検討するための一助としてシナリオ・プランニングを提案しているため、別の使い方をします。あえて、象限のなかから、自社からみて理想的と思える、あるいは自ら実現したいと考えるシナリオを選択し、その象限をより具体的に描きます。

❸-5 理想的なシナリオを選定し、深堀を行います

　シナリオの４象限のなかから、理想的と思えるシナリオが明確に浮かんでくる場合が多いのですが、時々、明確でないこともあります。その時は、グループ

（もしくは参加者全員）で議論し、「在りたい姿・実現した未来」を選択します。上の例でいえば、おそらく「グリーン・イズ・ビューティフル」のシナリオになるでしょう。

このシナリオをより具体的に描くとともに、ワークショップ開催時の世の中の現在地（4象限のなかで）を議論し、右上の理想的なシナリオを促す・実現するために、自社や業界としてどのような行動がとれるかを議論します。

再び具体例で確認します。

図表 シナリオのタイトルとストーリー（その2）

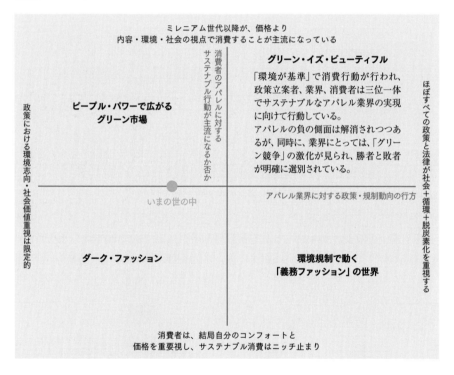

描いた「グリーン・イズ・ビューティフル」のストーリー

「環境が基準」で消費行動が行われ、政策立案者、業界、消費者は三位一体でサステナブルなアパレルの世界の実現に向けて行動している。アパレルの負の側面は解消されつつあるが、同時に、業界にとっては、「グリーン競争」の激化が見られ、勝者と敗者が明確に選別されている。

[理想を実現するための行動内容（例）]

・規制の動き　政府は、業界と協働しつつ、常に先進的な政策を打ち出し、業界のグリーン・イノベーションにドライブをかけている。同時に、厳しいペナルティなどを課すこともある。

・消費者の行動　消費者は、価格も重視するが、大半の人は社会価値と環境対策も選択基準としてもっていて、消費行動をとっている。
社会配慮が足りないファーストファッションに対する目が厳しく、関連企業は停滞気味である。

・業界の動き　「SDGs」「サステナブル」「社会価値」を1つの境目として、勝ち組と負け組がはっきり浮彫になっている。
業界連携やコンソーシアムのような取り組みも活発だが、一方では、かなり激烈なグリーン競争が展開されているケースも少なくない。

・市民社会の動き　上記同様に、具体的に描く

・自社の強みと課題　上記同様に、具体的に描く

など

　上のシナリオの図では、現状認識＝マトリクスのなかの青い点の「いまの世の中」のとらえ方として、一体的かつ積極的な政策が取られておらず、消費者の行動も二分化しているとみています。この状況から、自社や業界として、上に行くために（つまり、消費者の意識に働きかけるために）、そして、右にいくために（つまり、政策をより先進的にするために）何ができるかを議論することが、本書の分脈でいうと非常に大切です。

　シナリオを右上の「望ましい未来」に誘導する、自社もしくは業界として、主体的にどのような行動がとれるかを、ポストイットなどを使って具体的なアクションとして明文化します。

ステップ❹　アウトプットのまとめかた

　上のステップ❶〜❸でほぼシナリオ策定のプロセスが終了します。しかし、実際に使えるものにするためには、もう一工夫が必要です。

・ワークシップに参加したグループ（あるいは、事務局）にて、シナリオを精査し、仕上げます。ストーリーをより明確にしたり、その未来が起きた時に、自

社を取り巻くステークホルダーの行動をより具体的に描いたり、自社への影響と、自社としてとれる行動を詳細化・明確化します。
・シナリオの描写にイラストを取り込んだりするなど、社員や外部向けに発信しやすいものに整えることもできます。

　その後、例えば次のような活用法があります。本書ではそれを後押しする多くのツールを用意しています。
（1）　自社のパーパスの検討・再考（会社は、未来・社会に対して、何を提供する存在でありたいか）
（2）　自社の戦略やビジネスモデルの刷新・強化
（3）　外部パートナーシップとして、どのようなアプローチが有効で、どんな協力先が必要になるかの検討
（4）　社内向けおよび外部向けコミュニケーションのなかで、自社が考える将来像、自社が目指したい長期的なビジョンの描写の一環として使用

1-2 SDGs経営アセスメント

目的・概要

　本書独自のSDGs経営アセスメントを紹介します。サステナビリティ経営コンパスの5つの側面に沿って、自社の現状を把握するために活用します。社員なら、一定の勤続年数（4～5年以上）であれば、誰でも簡単に採点することができます。階層別に実施するのも、認識の違いをみるために有効です。

効果・他のツールとのつながり

［効果］
・自社の強みと課題を明らかにすることで、自然にとるべき次なるアクションがみえてくることがあります。
・客観的な基準で現状をスコア化することにより、社内の議論を論理的かつ前向きに行うことができます。

［他ツールとのつながり］
・SDGs経営アセスメントからは、それぞれのサステナビリティ・イノベーションの側面の強弱が明確になるため、その他のほとんどすべての経営ツールと連動します。

📋 アセスメントの構成

　SDGs経営アセスメントでは、次の5つの側面について自社の現状を問います。

① **Intention**〈パーパス〉	自社のパーパス、存在意義、社会的使命は明確で、活用されているか
② **Innovation**〈新価値〉	SDGsの実現に貢献できる持続可能な価値の創出に向けた自社取り組みのレベルとは

① パーパス
② 新価値
③ 人材
④ 仕組み・統合
⑤ 実践

③ **Intrapreneurship**〈人材〉	幹部層・社員のリテラシーと行動力が十分といえるか
④ **Integration**〈仕組み・統合〉	SDGs、サステナビリティを経営と一体化させようとしている取り組みはどこまで進展していて、仕組みが十分であるか
⑤ **Implementation**〈実践〉	実践においてのコミュニケーション、ブランディング、パートナーシップなどに効果的に取り組めているか

✎ 採点方法

ステップ❶

　それぞれの設問（計25問）に対して、自社の現状を4点（最高）〜0点（最低）で採点します。

　「希望的観測」ではなく、「自分からみた、現在の状況」を、可能な限り客観的に評価します。

4：非常に高いレベルにある／素晴らしく機能している
3：高いレベルにある／よく機能している
2：どちらともいえない／平均的
1：低いレベルにある／あまり機能していない
0：存在しない／全く機能していない
該当しない　＝　NA

ステップ❷

　それぞれの側面（計5）の合計点と、100点満点でのスコアを計算します。
例：合計点13 × 5 ＝ 65点
※「該当しない項目」がある場合、その設問を除いた平均値をとって、100点満点に換算します。

ステップ❸

　そのスコアに従い、レーダーチャートに結果を記入します。

ステップ❹

「強み」のさらなる強化と、「課題」の克服に関する行動案を検討します。

採点後の活用法

複数メンバーや複数部門で実施し、結果を比較し、今後の取り組みの題材とすることができますし、経営層との対話ツールとしても活用できます。たたき出されたスコアに関しては、ぜひ５側面の平均値だけでなく、その中でもどの設問のスコアが高く、どの設問が低いかという、個別の回答結果にも留意して、お使いいただけるとより価値が発揮されると思います。

図表 SDGs 経営アセスメント（5 側面／ 25 問）

1：Intention

パーパス・存在意義・社会的使命

問	内容	スコア
問 1	わが社には、明確な存在意義・社会的使命（理念・パーパス）があり、社内で広く知られている・覚えられている	□
問 2	その理念・パーパスには、利便性・経済性・顧客志向を超えた社会価値や未来の視点も含まれている	□
問 3	経営・幹部層は自らこの理念・パーパスを語り、広める推進役として働いている	□
問 4	理念・パーパスは、働き手（社員全般）にとって、モチベーションの源泉の１つとして機能している	□
問 5	この理念・パーパスは、外部（顧客・取引先・社会）からみても、自社を特徴づける一因となっている（ブランドイメージとの連動がある）	□

①パーパス ②新価値 ③人材 ④仕組み・統合 ⑤実践

2：Innovation
新価値＝SDGsの実現や社会・環境課題解決に貢献するサステナブルな価値創出

問6　自社の事業関連イノベーションには、SDGs・環境・社会の視点が含まれている／重視されている

問7　事業以外の面（例えば、オペレーション、組織運営、業務プロセスなど）でも環境・社会配慮を高めようという動きが継続的かつ本質的に行われている

問8　経営・幹部層は、環境・社会の視点を織り込んだ持続可能な価値の重要性を認識し、自ら旗振り役になっている（SDGsやサステナブルなイノベーションのリーダー役であるといえる）

問9　事業を推進する現場においては、SDGs・社会課題・環境などを新たな価値や差別化要因に結び付けようという行動が継続的かつ本気でとられている

問10　新しい価値（SDGs、社会、環境視点を含む）を生み出すプロセスでは、社内外の垣根を超えるための開かれた協働・連携・共創が行われている

側面2　合計点:　　　　　　　　× 5　　＝ ＿＿＿＿＿＿＿点

3：Intrapreneurship
人材（リテラシーと行動力）

問11　学習・研修などにおいて、SDGs・社会課題などは重要テーマとして取り上げられている

問12　経営・幹部層から社員に対して、SDGs・社会課題に社員が主体的に取り組むための「許可」(license-to-innovate) は広く付与されている（奨励されている）

問13　わが社の社員は社会感度が高く、広い視点でこれからの事業や現場での活動を考えている

問14　わが社には、社内起業家的なイニシアティブ（社員が自ら推進役となって進めるプロジェクト、活動、事業企画など）が広くみられている

問15　若手、女性、外国人の意見など、多様な視点がSDGs・社会課題対応等への企画・活動において活用されている

側面3　合計点：　　　　　　　× 5　＝ ＿＿＿＿＿＿点

4：Integration
仕組み・統合

問16　経営・幹部層の考え方・発言には、社会や環境の視点が自然に統合され、重視されていると感じる

問17　自社の中期的な経営計画（3〜5年未満）に、社会的要素・環境的要素やSDGsへのコミットメントは、明確に含まれている

問18　SDGsなど社会・環境関連課題に対して、骨太（本気）の戦略が立案され、行動計画にまだ落とし込まれている

問19　会社の各現場では広く環境・社会の視点を日々のプロセスや事業運営に取り込んで実践することが一般的になっている（広く追求されている）

問20　社内の制度や仕組み（例えば、人事評価、教育制度など）には、SDGs・環境・社会の視点が含まれている

側面 4　合計点：　　　　　　× 5　＝ ＿＿＿＿＿＿＿点

5：Implementation
実践（特に、コミュニケーション・ブランディング・パートナーシップ）

問21　社会価値を生みだす実践・実装段階での課題（コスト・技術的課題・顧客の理解など）を乗り越える・解消しようという、幹部層と現場のゆるぎない信念が感じられる

問22　従来型の「性能的卓越性」（パフォーマンス・エクセレンス＝主に、品質・機能性・デザイン）に加え、「社会的卓越性」（ソーシャル・エクセレンス）も重要であるという認識は経営・幹部層の間で広くみられる（部長職以上）

問23　外部コミュニケーション、広報、ブランディングを担当する部署は、同じくその重要性の認識の下、積極的な取り組みを進めている

問24　社員に対する「インナー・ブランディング」においても、自社がSDGsなど（社会・環境課題全般でもよい）に取り組む意義や自社らしいストーリーが継続的に発信されている

問25　SDGs・環境・社会課題の解決に向けた効果的な外部パートナーシップに取り組めている

側面 5　合計点：　　　　　　× 5　＝ ＿＿＿＿＿＿＿点

SDGs経営アセスメント　スコアとレーダーチャート

合計スコア（100点満点）

1：Intention〈パーパス〉　　　　＿＿＿＿＿＿＿＿

2：Innovation〈新価値〉　　　　＿＿＿＿＿＿＿＿

3：Intrapreneurship〈人材〉　　＿＿＿＿＿＿＿＿

4：Integration〈仕組み・統合〉　＿＿＿＿＿＿＿＿

5：Implementation〈実践〉　　　＿＿＿＿＿＿＿＿

全体平均スコア：　　＿＿＿＿＿＿＿＿

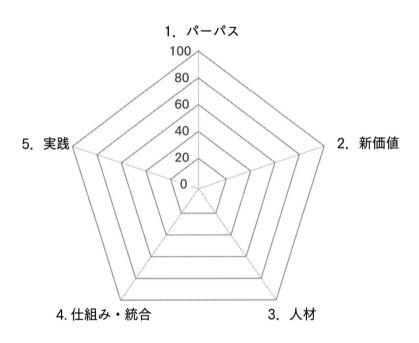

① パーパス

② 新価値

③ 人材

④ 仕組み・統合

⑤ 実践

1-3 パーパス・ワークショップ

目的・概要

　会社のパーパス・ミッション・ビジョンなどが社員からみて「他人事」に映っていることや、「本社の人間が考えて、あまり現場にとって馴染みがないもの」に見えてしまう場合が少なくありません。SDGsやサステナビリティ経営に向けて一丸となって動くためには、やはり社員にとって会社が目指す方向性が「自分事」になることが重要ですが、これはなかなか通常の「浸透策」や、「社内コミュニケーション」だけで実現できるものではありません。

　ここで紹介するパーパス・ワークショップでは、会社が掲げるパーパス・ミッション・ビジョンと、個人として大切にしたい価値観や、業務を通じて貢献・実現したい「売上以上のこと」を、社員の内省・対話・アウトプットを通じて、探っていきます。ごく簡単に、かつ短い時間で、会社のどの現場でも実践できるワークショップとなっています。

　下で紹介する手法は、私が社外取締役を務めている丸井グループで、手挙げ方式による全社Well-being推進プロジェクトの社員チーム14名が開発したものです（インタビュー対応：藤原映乃さん、三好弘晃さん）。執筆時点では、すでに様々な部門で計220名を超える社員がこのワークショップを経験しています。

> ※丸井グループでは現在この演習を「ビーイングワークショップ」と名付けています。目的は、会社のパーパスを社員にはめるというのではなく、また、無理やり会社のパーパスと個人のパーパスの重なる部分を見つけるということでもありません。会社の目指す方向性や社会的インパクトと、個人の在り方・生き方（ビーイング）とを連動させたかたちで、考えるきっかけや気づきをつくり、特に社員一人一人の働き甲斐やウェルビーイングの向上に寄与することを目指しています。

効果・他のツールとのつながり

［効果］

・会社のパーパス・ミッション・ビジョンがより身近なものになるだけでなく、個人としても大切にしたい「価値観」への気づきや、業務を通じてもたらしたい「会社と社会へのポジティブなインパクト」の明文化につながります。その結果として、丸井グループで参加した社員のなかでは、ワークショップの事前と事後では、仕事に対する誇り、個人の活力、仕事を通じた幸福度の実感などに明確な差が生じています。

・他の個別のツールとのつながりがあるというより、経済性を超えたインパクトに対して、個々人がより主体的に参加・貢献したいようになることがポイントです。SDGsやサステナビリティ経営全般に対する理解と行動意欲が高まります。

👥 参加人数

8〜50名程度。個人ワーク、ペアワーク、全体共有を含む要素があり、実施人数の自由度は高いです。

🕐 所要時間

90分が理想的ですが、忙しい現場では60分でも実施することは可能です。ちなみに、丸井グループでは、60分で実施していますが、やや時間が不足気味なところが否めません。一部の限られた本社部門ではなく、末端の現場でもぜひ実施されることをおすすめします。

💻 必要な環境・備品など

ワークシート（下記参照）や筆記用具があれば実施できます。

実施ステップ

パーパス・ワークショップは大きく3つのステップで進めますが、効果を測定するために、事前（開催の直前）と事後（開催の約3週間後）に、参加者に簡単なアンケートに答えてもらいます。

事前・事後のアンケート

（事前・事後で同じ設問を使います／特に確認したいポイントに関する設問を追加することももちろん可能です）

Q1　仕事をしている自分はいきいきします、やる気が湧いてきます
　　　　　・いつも感じる
　　　　　・とてもよく感じる（1週間に数回）
　　　　　・時々感じる（1か月に数回程度）
　　　　　・滅多に感じない（1か月に1回以下）
　　　　　・全く感じない

Q2　自分は仕事に誇り・矜持を感じます
　　　　　・いつも感じる
　　　　　・とてもよく感じる（1週間に数回）
　　　　　・時々感じる（1か月に数回程度）
　　　　　・滅多に感じない（1か月に1回以下）
　　　　　・全く感じない

Q3　仕事は私に元気と活力を与えてくれます
　　　　　・いつも感じる
　　　　　・とてもよく感じる（1週間に数回）
　　　　　・時々感じる（1か月に数回程度）
　　　　　・滅多に感じない（1か月に1回以下）
　　　　　・全く感じない

Q4　仕事に没頭しているとき、幸せや深い充実感を感じます
　　　　　・いつも感じる
　　　　　・とてもよく感じる（1週間に数回）
　　　　　・時々感じる（1か月に数回程度）
　　　　　・滅多に感じない（1か月に1回以下）
　　　　　・全く感じない

Q5 私は、日々の仕事に売り上げや金銭価値など数値目標以上の意
義を感じます
  ・いつも感じる
  ・とてもよく感じる（1週間に数回）
  ・時々感じる（1か月に数回程度）
  ・滅多に感じない（1か月に1回以下）
  ・全く感じない

ワークショップの実施ステップ
（90分で実施と仮定。60分の場合は、カッコ内の分数で実施）
❶ 自分の価値観（大切にしている、したいこと）を言語化する　30分（25分）
❷ 会社のパーパス・ミッション・ビジョンについて学ぶ・考える 25〜30分（15分）
❸ 自分の思いと会社のパーパスのつながり合いを言語化して、自分の思いを宣
言する　30〜35分（20分）

ステップ❶　自分の価値観（大切にしている、したいこと）を言語化してみよう！ 30分

　事務局から、目的の説明を行ったうえで、二人一組で次のペアワークを行います。
　実施の目的は、第一に社員一人一人のウェルビーイングと働き甲斐の向上に置きます。会社のパーパス・ビジョンなどの「浸透」や「理解促進」が主たる目的ではありません（最終的な効果の1つとしてはこれも期待できますが、ワークショップではここを主眼としません）。

ペアーワーク（二人一組）　25分
　インタビュー形式にて行います。一人の参加者がもう一人に対して、下記3問について尋ねます。その答えをどちらかがワークシートに書き込みます。
　1問4分で進めます（一人の持ち時間12分×2回の実施時間になります）。

問い ①

> 始めるにあたって、あなたがこの会社で働き始めた最初の頃のことを知りた
> いと思います。

○○社（自社）の何があなたにとって魅力的でしたか？　○○社（自社）に入社
するまでの幼少期からのあなた自身の物語（ストーリー）には、どんなことがあ
りましたか？

問い②

> 次に、あなたのこの会社でのことを知りたいと思います。

今まで働いた経験をすべて振り返って、最高の体験を教えてください。例えば、
最もイキイキしたとき、最も輝いたとき、最も誇りに感じたことなどを思い出し
てください。
何がそういった最高の体験を生み出したのでしょうか。誰が関わっていました
か。そのとき、チームはどんな雰囲気で、どんな言葉が交わされていましたか。

問い③

> **最後に、これまでのストーリーから出てきた「価値観」（自分が大切にして
> いる・したいこと）を教えてください。**

これまでみてきた自身の物語（ストーリー）をふまえて気づいた自分の大切な価
値観とは何ですか。ワードや短い文などで自由に表現してください。

ステップ❷　会社の方向性と自分の現業との関連性を考えよう！　30分

　ここでは、事務局から会社のパーパス・ミッション・ビジョン（特に、強調し
たい将来的な方向性について明文化されたもの）を簡単に紹介します。そのあ
と、ワークに入ります。

　ここでのワークは、個人で行うことも、全体の対話を通じて進めることも可能
です。

問い①：あなたの部署での業務において、○○社（自社）の〈パーパス・ミッ
　　　　ション・ビジョン（上記で紹介したもの）〉とのつながりがある、ある
　　　　いは見いだせるところを教えてください。どんな業務ですか？具体的に
　　　　教えてください。

　思いついたものを自由に、いくつでも結構ですので書いてください。

　「会社で掲げているパーパス・ミッション・ビジョン」と、「ある現場での具体
的な業務内容」とのつながりが可視化される形で、事務局からごく簡単に例を挙
げます。

```
┌─────────────────────────────────────────────────────┐
│                                                       │
│                                                       │
│                                                       │
│                                                       │
│                                                       │
│                                                       │
│                                                       │
└─────────────────────────────────────────────────────┘
```

ステップ❸　会社と自分の「つながり合い」を言語化してみよう！　　30分

個人ワークで進めます。

問い①
ステップ❶と❷をふまえ、あなたは現業を通じて、どんな価値観や存在意義を実現したいですか。

```
┌─────────────────────────────────────────────────────┐
│                                                       │
│                                                       │
│                                                       │
│                                                       │
│                                                       │
│                                                       │
│                                                       │
│                                                       │
└─────────────────────────────────────────────────────┘
```

※ここでも、事務局から一つ具体例を挙げるとよいでしょう。
　丸井グループの例でいうと、「学生に向けてエポスカード（クレジットカード）の発行をすることで、フィナンシャル・インクルージョン（金融における包摂性）を実現したい！」

問い②
（まとめ／これも個人ワークで進めます）
あなたが現在の所属（部署）で働く意味、自分の存在意義や価値観は何でしょうか。ここまでのワークをまとめて、言語化してみましょう！

私は現業を通じて

（ここに、**ステップ❷**の文章を挿入（あるいは書き換えて）入れます）

という会社の〈パーパス・ミッション・ビジョン（実際に紹介されたもの）〉に貢献し、

（ここに**ステップ❸**の問い①の文章を挿入（あるいは書き換えて）入れます）

という自分の存在意義や価値観を実現します！

　最後に、時間が許す限り、この個々人の「宣言文」を全体で共有します。人数的に難しい場合は、サンプル発表を行うか、再び最初のペアのなかでお互い共有します。

　このワークショップを開発してから幾度となく、さまざまな現場で220名を超える社員に対して実施した藤原さん、三好さんの短いコラムで、その実践を通じて感じたことを紹介したいと思います。

①パーパス

②新価値

③人材

④仕組み・統合

⑤実践

パーパスと well-being のつながりについて

丸井グループ社員

藤原映乃、三好弘晃

　私たちは社内外の人々のウェルビーイング向上を目的に活動する「Well-being推進プロジェクト」でビーイングワークショップを作成しました。この活動を通じて、まずは身近な社内、いずれは社外へのウェルビーイングの波及に繋がればと考えています。

　ほとんどの人は1日の3分の1を仕事をして過ごしています。そのため、働く時間のウェルビーイング向上が、人生そのもののウェルビーイング向上に繋がると考えました。そのなかで、「パーパス」に着目したのは、社内のアンケートにて、「働きがいを感じている」と回答した人の約85%が「会社が掲げている方向性が自分の仕事が重要なものであると感じさせてくれる」と回答していたことです。そこで、「会社の方向性」「自分自身のパーパス」「現業での取り組み」―この3つの繋がりを見つけることが、仕事でのウェルビーイング向上に寄与すると考えました。

　トライアルを繰り返すなかで、「会社と自身のパーパスを結びつけるのが難しい」という声が多くありましたが、参加者の声をもとにワークショップの内容をアップデートし続けました。

　今回、本書で紹介されている完成版ビーイングワークショップに参加した社員からは「自分が本当にやりたいことを考えるきっかけになった」、「会社の方向性と現業のつながりを理解することができた」等の声があり、実施後のアンケートにて「働き甲斐」の数値が向上したりするなど、ポジティブな成果が得られています。

2-1 バックキャスティング

目的・概要

　バックキャスティングの基本は、現在から未来を考えるのではなく、未来のあるべき姿から発想し、現在へとつなぐことです。1970年代に、米国でエネルギー政策のそれまでの（現在の延長線上の）将来予測に代わるものとして、提唱された未来計画へのアプローチです。「望ましいシナリオ」を実現する方法論として注目され、1980年代に広く普及しました。

　将来的なビジョンや目標（ツール「1-1 シナリオプランニング」でいう「望ましい未来シナリオ」）を掲げ、そこから「逆算して」現在からその目標に至るまでの道筋を描くと言われることも少なくありませんが、これは必ずしも正しい説明ではありません。なぜなら、「逆算」は、実質的にできないからです。バックキャスティングは、もっと現実的で、いつでも実施できる新しい未来計画の手法の1つと捉え、さまざまな場面に取り入れられるものです。特に、望ましいシナリオ、在りたい姿への「行動の道筋」や「イノベーションの旅」を明確にし、社内の様々なプレイヤーが創造的に将来へのロードマップに関して議論するために有効活用できるツールです。

効果・他のツールとのつながり

[効果]

・自社（もしくは業界、社会）の在りたい未来像に向けて、どのような行動を重ねていく必要があるかを体系的に議論することで、参加するメンバーの認識を合わせることができるだけでなく、創発的に新しい行動のアイデアも多く生まれます。ロードマップを描くにあたっての最も有効な手法の1つです。

[他ツールとのつながり]

・ツール「1-1 シナリオ・プランニング」で描かれる「望ましい未来像」

を実現にもっていくための、「次のステップ」として活用できます。さらに、ツール「4-3 ビジネスモデルキャンバのワークショップ」や「2-2 経営イノベーションの4側面検証」、さらに「2-3 トレード・オン・マッピング」との連動性も高いです。

👥 参加人数

8〜25名程度。

シナリオ・プランニング同様に、できれば最低2つのチームで実施したほうが理想的です。

25名、5チームを超えると、全体共有などが難しくなりますので、8〜25名での実施をおすすめします。

🕐 所要時間

準備段階：対象とするテーマに関するメガトレンドや背景情報の理解はある程度必要ですが、「在りたい姿」「将来ビジョン」「将来の条件設定」が明確であれば、特段準備することはありません（チーム分けや、実施場所、備品の準備以外に）。

バックキャスティングをゼロベースで行う場合は、まずその将来の在りたい姿や、具体的なビジョンを描く必要がありますが、そのプロセスを本書では「1-1 シナリオ・プランニング」に譲り、ここでは割愛します。

実施段階：1日

事後　：開催後が重要です。アウトプットをまとめ、整理し、具体的なアクションの選択肢へと落とし込むことがポイントになります。数日〜数か月間かかる場合があるでしょう。

💻 必要な環境・備品など

ワークショップができる部屋（島が組める）、もしくは、オンラインホワイトボード（Miroなど）とブレイクアウトルームが活用できるオンライン環境の用意が必要です。

対面式での実施の場合は、グループ数×2枚のホワイトボード（もしくは、模

造紙が貼れる広い壁）、模造紙（各グループ3枚程度）、大きめのポストイット、ペンが必要です。バックキャスティングのマップを描くチャートや模造紙が小さいとうまくいきませんので、そのため各グループ3枚程度の模造紙をつなぐことが必要です（あるいは、これに相当する面積の壁型ホワイトボードなど）。

オンライン実施の場合、このようなツールは必要ありませんが、事前にオンラインホワイトボードをデザインする必要があります。ZOOMなど、ブレイクアウトが行いやすいオンライン環境を用意します。

📅 実施プログラム案（1日でワークショップを実施する場合）

あらかじめ「アジェンダ」が設定され、「グループ編成」が終了していると仮定。プログラムに含まれる各ステップの詳細は、下記で説明します。

9:00	オリエンテーション（目的の説明、在りたい姿（ビジョン）の説明）、自己紹介、アイスブレイクなど）
9:45	**下記ステップ❷** 現在にある課題と可能性の整理
11:00	休憩
11:15	**下記ステップ❸** アクションのアイデアを挙げる（マップの構成要素）
12:00	ランチ
13:00	**下記ステップ❹** アクション項目を模造紙に貼り、バックキャスト・マップを完成させる
15:00	休憩
15:15	全体共有
16:15	ラップアップ、参加者全員の気づきの共有、次のステップの共有など
17:00	終了

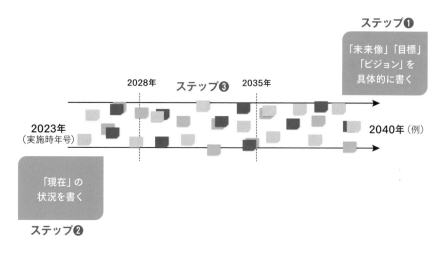

図表 バックキャスティング　イメージ図

ステップ❶
「未来像」「目標」「ビジョン」を具体的に書く

2028年　　ステップ❸　　2035年

2023年
（実施時年号）

2040年（例）

「現在」の状況を書く
ステップ❷

⌐┘┐ **実施ステップ**（概要）..

ステップ❶　目標年度と目標内容（望ましい未来像）の設定
ステップ❷　その目標・未来像と照らし合わせて、「現在」の自社の「課題・弱み」と「可能性・強み」の確認
ステップ❸　時間軸を一切気にせず、また実現可能性も考慮せずに、「課題」を乗り越え、「可能性」を活かしつつ、目標・ビジョンに向かうための具体的なアクション項目を書き留める
ステップ❹　最後に、アクション項目を、メンバー間で議論しながら時間軸に貼る

⌐┘┐ **実施手順**（詳しい進め方）..

ステップ❶　**目標年度と目標内容（望ましい未来像）の設定**

`30分`　　目標、未来ビジョンとその目標年度は、幅広なチャートの一番右側に書き込みます。
　　　　具体的に書くことが望ましいです（抽象的な表現では、アイデアが出にくくなります）。

目標・ビジョンの発掘に、シナリオ・プランニング（1-1）やトレード・オン・マッピング（2-3）などが活用できます。

所要時間：活動目標・ビジョンを事前に設定するか、グループ内にて設定するかによって、ワークショップの所要時間が異なりますが、いずれにしても参加者全員がビジョン・在りたい姿・望ましいシナリオをよく理解してからワークに臨むことが重要です。

ステップ❷
`75分`

その目標・未来像と照らし合わせて、「現在」の自社の「課題・弱み」と「可能性・強み」の両方をできるだけ詳しく挙げます。これらは、チャートの一番左に書き込みます。
ここでの目的は、未来像に対しての一種の棚卸を行うところにあるのと同時に、次のステップのアイデア発掘の1つの出発点にもなります。

ステップ❸
`45分`

時間軸を一切気にせず、また実現可能性を考慮せずに、「課題」を乗り越え、「可能性」を活かしつつ、活動目標・ビジョンに向かうための具体的なアクション項目を、ポストイットなどを活用してできるだけ多く挙げます。量が質に転換する場合があるため、テンポよく数多くのアクション・アイテムを挙げてください。

How/What：ポストイットを2色使用し、片方の色に「実現のための what= どんな活動や行動が必要か」を記入し、他方に「実現のための how= 必要な仕組み、メカニズム、組織的な仕掛け」を記入すると、後の整理に役立ちます。

ステップ❹
`120分`

最後に、アクション項目を、メンバー間で議論しながら時間軸に貼っていきます。動かしたり、内容を足したり、アクション項目の間の線を引いたりするなど、ダイナミックに未来への道筋を描いていきます。
ここがバックキャストのマップを完成させるワークになります。

ステップ❺　**全体共有（所要時間は 1 グループ 10 分未満）**

60〜75分

複数のグループで実施した場合は、全体共有を行い、その違いについて議論します。

ステップ❻　**まとめ → ロードマップ作成**

後日

複数グループの場合は、事務局にて（後日）全体まとめを行い、必要に応じた検証・議論をふまえ、より具体的なロードマップ（工程表）に落とし込みます。

　このようなバックキャスティングでは、**発想の飛躍が最も難しいところ**であり、時間軸の上でも先になればなるほど手薄になる傾向にあります。そのため、関係者以外の視点を取り入れ、若手の参加、他社の方の参加、外部の有識者の参加など、発想に飛躍をもたらしうるメンバーをワークショップに加えることをおすすめします。

バックキャスティング手法について

サステイナブル経営総合研究所
多田博之

VUCAの時代と言われます。どんな時代においても、未来を予測することはとても困難でしたが、特に現代はグローバリゼーションの進展等に伴い、変化が速く、激しく、かつ複雑で多岐に渡り、未来が全く読めません。

現在の延長線上に未来があると考える、従来のフォアキャスティング思考ではもはや限界があり、未来ビジョンすなわち未来のあるべき姿をまず描き、そこから立ち返って、今現在我々は何をすべきかを考えるバックキャスティング思考が求められるのは、正に時代の要請とも言うべきものです。

私はこれまで様々な企業や自治体等でバックキャスティング演習をお手伝いしてきましたが、皆さんフォアキャスティングに考え方が染まっており、あるべき未来を描くという発想の飛躍がなかなか出来ずに苦労されます。真っ白な紙に未来を自由に描いて下さいと言っても、多くの方は戸惑うばかりです。

そこで、私が用いる2つの現実的な解決策を、少しだけご紹介しましょう。

1）時代の大きな潮流：メガトレンドをまず考察し、それらの要素を出来る限りポジティブに捉えることで、逆転の発想につなげ、あるべき未来像にその時代の色をつけ、一般解ではなく特殊解を導くのです。

2）演習に取り組むメンバー構成に多様性を持たせる。老若男女、所属、階層、出来るだけ異なる発想をする人たちで、意見を多面的に交換することにより、意外な発見、知恵が湧き出てくることが多いのです。

最後に、今から約50年前に書かれた著書から、私の好きな一説を引用します。
「未来は予測できない、しかし予測できるたった1つの未来がある。それは、自分たちで作る未来である。」　あのピーター・ドラッカーの言葉です。

① パーパス

② 新価値

③ 人材

④ 仕組み・統合

⑤ 実践

2-2 経営イノベーションの4側面検証

目的・概要

　OECD（経済協力開発機構）は、イノベーション経営に関する「オスロ・マニュアル」（2005）にて、企業にとって重要なイノベーション領域を4つと定めていました――「製品・サービス」「プロセス」「マーケティング」「組織・マネジメント（外部の関係性含む）」。この区分は、SDGs・ESGなどサステナビリティ経営を推進するにあたっても非常に参考になり、私は長年にわたり研修のツールとして使ってきました。

　本書では、自社の現状を把握し、さらにサステナビリティ経営を推進するにあたって力を入れるべき活動の統合的・俯瞰的・機能横断的なワークツールとして紹介します。

効果・他のツールとのつながり

［効果］
・この4側面（下図参照）で自社の現状を整理し、強弱を確認することで、全社横断的に効果的な形でSDGsの実現に取り組み、サステナビリティ経営を会社の多くの機能に統合するための現状認識を得ることができます。

［他ツールとのつながり］
・このツールで明らかにされた自社の強弱の内容によって、連動するほかのツールがみえてきます。例えば、「製品・サービス」での課題がある場合は、ツール「2-4 トレード・オン・マッピング」や、ツール「4-3 ビジネスモデルキャンバスのワークショップ」、「マーケティング」に課題がある場合は、「5-2 ブランド強化検証ツール」などと、親和性の高い他のツールがみえてくると思います。

基本的な理解

OECDは、長年にわたり企業のイノベーション経営の体系化、モデル化に取り組んでいます。2005年のオスロ・マニュアルにて、イノベーション経営を4つの区分で整理し、それぞれにおける「実践」があってこそイノベーションと認められると指摘しています。この区分の魅力の1つは、この4側面に無関係な社内部門が非常に少ないところにあります。イノベーション経営そのものも、SDGsの達成に向けたサステナビリティ経営においても、多くの社内の機能や部門が、垣根を超えて協働することが成功のカギとなり、この経営ツールは共通認識を醸成し、全社横断的な取り組みを助ける可能性を秘めています。

図表 OECD がイノベーション経営のオスロ・マニュアルで提唱したイノベーション経営の 4 側面

Products 製品・サービス	**Process** プロセス
Marketing マーケティング	**Organization** 組織・マネジメント・外部との関係性

4 側面検証のワークショップ

所要時間

半日程度

参加人数と構成

20名程度まで。事業ユニットのメンバー、生産・物流・総務など業務プロセスに関わるメンバー、広報・ブランディング・販売部門のメンバー、サステナビリティ・渉外・人事・経営企画のメンバーの参加が望ましいです（他も追加して問題ありません）。

実施ステップ

ステップ❶ 事務局もしくは外部講師により、SDGs・ESG・サステナビリティ・社会課題に関するレクチャー、その一部として企業への影響や、具体的なイノベーション事例（上記４区分を問わず）を盛り込みます。具体的なケースの紹介でも問題ありません。資料集や本を参加者に読んでもらうことで、事前学習をすることも可能です。

ステップ❷ 参加メンバーがグループに分かれ（職種・機能の混合グループ）、下のようなワークシートで「自社の現状」を検証します。

ステップ❸ その現状分析をふまえ、統合的なサステナビリティ・イノベーション強化のために、最も必要な具体的なアクション（経営施策）を各グループにて挙げます。

ステップ❹ 全体共有を行ったうえで、全メンバーによるステッカー（シール）投票などを通じて、最優先のアクション項目を明らかにします。

　ここまでは、ワークショップにて実施できます。そのあと、出てきたアウトプットをどのように活用するかは、担当部署の仕事になります。できればサステナビリティ担当部署と経営企画担当部署などが全体の管掌をすると、より順調に進むと思います。

（95ページ）ワークショップで使うワークシート

SDGs（サステナビリティ）イノベーション──経営のイノベーションの4側面から考える

	現状（SDGsイノベーションからみての課題・強み）	どんなイノベーションが必要か	最重要取組（3つ）
製品・サービス	①	②	③
事業プロセス			
マーケティング			
組織・マネジメント外部との関係性			

⚠ ワークシートの使い方：

1. まず、レクチャーや事前インプット（資料集・書籍など）をふまえ、各自（個人）にて、自社のそれぞれの側面における課題と強みを具体的に挙げます──ワークシート①

2. そのグループ内共有を行ったうえで、「自社にとって、最も必要と思われる今後のイノベーション活動（新しい施策）」を具体的に（各自にて）挙げていきます──ワークシート②

3. そのグループ内共有を踏まえ、各グループにて、「最重要と考える3つ程度のアクション（必要な施策）」をまとめ、全体共有します──ワークシート③

4. 最後に、それぞれのグループのアクション提案をリストアップし、投票などを用いて、全参加者が考える最も優先順位の高い「次なるアクション・施策」を明確化します。

　このツールは、他社との比較（ベンチマーク）にも活用できます。競合他社があれば、その会社がそれぞれの側面においてどのような施策を打ち出しているか、それが自社と比較するとどんな魅力や欠点があるかを体系的に分析することにも役立てることができます。

2-3 トレード・オン・マッピング

目的・概要

「自社事業と社会や環境とのトレード・オン（相乗効果・善の循環）」を体系的に検証するためのツールです。事業や製品面のみならず、イノベーション経営の4側面における次なるアクションも検討できる構成になっています。事業系の取り組みだけでなく、社会貢献など非事業系の取り組みの検討にも活用できます。

効果・他のツールとのつながり

[効果]

・特にSDGs、サステナビリティ、ESGなどに日々関わっていない事業部門、研究開発部門、イノベーションを担当する部署などは、このツールを使うことにより発想の幅を広げ、広い視点からの機会発掘や事業ネタなどを検討することができます。

[他ツールとのつながり]

・ツール「4-3 ビジネスモデルキャンバスのワークショップ」や「2-2 経営イノベーションの4側面検証」との親和性が特に高いです。さらに、「1-1 シナリオ・プランニング」で設定した望ましい未来に向けて行動を開始するにあたっても、また「2-1 バックキャスティング」の出発点（設定したい将来目標の発掘）としても、このトレード・オン・マッピングが活用できます。

基本的な理解：「トレード・オン」とは？

私が2008年頃作った造語です。事業の発展と、社会・環境の健全性の間の二律背反（トレード・オフ）の反対を意味する言葉として発信しはじめ、現在は、日本のビジネス界の1つの新しいキーワードとして定着しつつあります。トレー

ド・オンとは、「経営と事業を通じて、SDGs・社会課題・サステナビリティに取り組むことで、課題解決が進むだけでなく、自社の評価やブランド価値、売上高、利益なども向上する」ことを意味しています。どちらかが犠牲になるのでは、「トレード・オン」と呼べません。

参加人数

8名〜25名程度（2グループ〜5グループ程度）。

所要時間

取り扱うテーマに関する事前学習は、資料集・勉強会などを通じて行うことをおすすめします。

トレード・オン・マッピング自体は、半日程度あれば実施可能です（5時間程度）。

必要な環境・備品など

ワークショップができる部屋（島が組める）、もしくは、オンラインホワイトボード（Miroなど）とブレイクアウトルームが活用できるオンライン環境の用意が必要です。

対面式での実施の場合は、グループ数と同じ数のホワイトボード、模造紙もしくは下記のワークシート（p.103参照）、大きめのポストイット、ペンが必要です。

オンライン実施の場合、このようなツールは必要ありません（オンラインホワイトボードを事前にデザインする必要があります）。ZOOMなど、ブレイクアウトが行いやすいオンライン環境を用意します。

実施プログラム案（半日でワークショップを実施する場合／それが実施可能な最短スケジュール）

13:00	オリエンテーション（目的の説明、在りたい姿（ビジョン）の説明）、自己紹介、アイスブレイクなど
13:30	事前学習や資料集などの簡単な振り返りとQ&A（理解を深めるために）
14:00	グループワーク① ワークシート1枚目の検討
15:30	休憩

15:45	**全体共有①** 各グループが簡単に選んだトレード・オンの活動を紹介します（各5分程度）
16:10	グループワーク② ワークシート2枚目の検討
17:10	小休憩
17:15	**全体共有②** 各グループがトレード・オン・マップ全体を共有します（各10〜12分程度）
18:15	ディスカッション、ラップアップ、次のステップの確認
18:30	終了

⌐⌐ 実施のステップ

　SDGsやサステナビリティの基礎知識がなくても実施可能です。ただし、SDGs・サステナビリティ課題のメガトレンドなどをある程度学習した上で行うほうがより効果的に活用できますので、事前学習を入れることをおすすめします。社内横断のグループ編成（複数グループ）が望ましいです（創出されるアイデアに多様性が生まれます）。

〈ワークシートの1枚目（p.103参照）〉

ステップ❶　取り組む全体的なテーマを設定します（外枠）

　ここで選ぶ取り組みは、SDGsと直接関連があるものでも、直接紐づいていない環境・社会関連のものでも問題ありません。事業面、オペレーション、社会貢献のいずれもありえますが、可能な限り事業面、製品・サービス面から入って、ワークの後半でその他の経営イノベーション側面（ツール 2-2 経営イノベーションの4側面）を検討することをおすすめします。

テーマ設定の例（事業・オペレーション・社会貢献）
① 　高齢化する日本における健康的な食の提供
② 　アジアにおける新エネルギー分野での事業発掘
③ 　工場の脱炭素化に向けた革新的な取り組み
④ 　世界各地の社員食堂における資源循環・ロス撲滅
⑤ 　海外の有望市場における戦略的社会貢献によるブランド認知向上

ステップ❷ 関連する主なメガトレンドとステークホルダーの期待・要請を整理します（背景の確認）

　ここでは、地球（環境）・社会全体のメガトレンドも対象となりますが、自社市場特有のメガトレンドも重要となります。また、ステークホルダーの期待・要請は、「これまで」のものに限らず、「これから」の期待・要請も視野に入れて検討することで、より創造的なワークになり、飛躍をもたらす可能性が高まります。

ステップ❸ これまでの取り組みの強化や、新規の取り組みを通じて、どのような新たな「トレード・オン」のベクトル（方向性・戦略・活動）を設定できるかを検証します。

　個々人がアイデアを持ち寄り、グループ内で議論するなどし、「個人の思いとアイデア　×　グループでの議論」により、アイデアの幅を広げます。ここで設定する方向性や掲げる新たな活動（ベクトル）は、設定した全体テーマをより具体的に落とし込んでいく、あるいは広げていくイメージで挙げます。できるだけ具体的で、実装のイメージが湧くトレード・オンのアイデアを書き込みます。

例１：高齢化する日本における健康的な食の提供

アジア発の安価で安全なオーガニック食品を製造し、
「長寿命・健康寿命」をテーマに、中高年をターゲットとする
独自商品ラインを開発

例２：工場の脱炭素化に向けた革新的な取り組み

RE100（再生可能エネルギー100の国際的なプラットフォーム）
に参加する他、社用車は段階的に電気自動車に替え、
電力等によるCO_2排出はカーボン・オフセットで相殺する

ステップ❹ 生まれうる「価値」を検証します

　設定したトレード・オンの方向性、書き込んだ活動案の妥当性や価値を検証するために、具体的に、その実践によってもたらされる「社会やステークホルダーにとっての価値」と「自社にとっての新たな価値」を明確に定義します。できるだけ「これまでになかった価値」とは何かに焦点を当てます。

　「企業価値＋社会価値」の両方が相乗効果を生んで初めて「トレード・オン」が実現します。

〈ワークシートの2枚目（p.104参照）〉

ステップ❺

　ツール2-2で紹介したOECDのイノベーション経営の4側面のフレームワークを活用し、トレード・オンの新しいアイデアを実施・実行するのに際して、どのような新しいイノベーションが必要になるかを体系的・包括的に分析します（事前にツール2-2のワークを行う必要がありません）。

　ワークシート2枚目にある経営イノベーションの4側面の記入欄の右側に、「イノベーション連携」とありますが、ここが結構大事なポイントの1つです。ある経営側面（例えば「製品・サービス」での革新）を実らせるためには、しばしば他の経営側面での取り組みがカギを握ります（下記参照）。

　イノベーション連携には、例えば次のような例が含まれます（ありうる連携のごく一部の例にすぎません）。

● **製品・サービスとマーケティングのイノベーション連携**
　掲げた新しい事業を成功させるためには、これまでと違ったマーケティング・コミュニケーションや市民社会との協働が必要となる場合が多々存在します。「製品・サービス」のボックスで書き込んだ「イノベーション」は、もしかすると「マーケティング」のボックスにおけるイノベーションなくして実現できない可能性があります。

●事業プロセスとマネジメント（外部との関係性含む）のインベーション連携

　工場やオフィスなどで例えば革新的な環境施策（脱炭素化など）を成功させるためには、魅力的なネーミングでの新しいマネージャー職を設けることや、減価償却期間を通常より延長すること、はたまた賞与の在り方を変えることなど、組織関連の新たな施策が、成功の可否を大きく左右することがあります。

●マーケティングと組織・マネジメント・外部との関係性のイノベーション連携

　SDGs・社会課題などを意識した新しいブランド・アイデンティティを構築するためには、広報部門、経営企画、CSR・サステナビリティ担当部門などの合同チームによるタスクフォースの設置（新たな組織編制）が必要となることが考えられます。

　また、新しいブランド活動を実らせるために、これまであまり接していなかった外部パートナーとの協働・共創がカギを握るかもしれません。

　このワークを本格的に実施すると、新しいアイデアが生まれるのみならず、社内の垣根を超えて、効果的なイノベーション連携を図るための機運も高まります。トレード・オン・マッピングで出てきたアイデアをワークショップ開催後に精緻化し、有望なアイデアが含まれているのであれば、ビジネスモデルキャンバスでの検証や、会社の通常の事業・企画検討のプロセスへとつなぎます。

SDGs Trade-on Mapping（自社特有の強みを活かすための検証フレームワーク）

目的： ❶ メガトレンド（以下、MT）／ステークホルダーの期待・要請の変化を踏まえ、❷ 自社としてどのような「トレード・オン」のベクトルを設定し、❸ どのような社会価値と企業価値を生み出し得るか、❹ 実践のためにどのようなイノベーションが必要となるかを統合的・体系的に検証する。

取組名（何を対象に検証するか）：＿＿＿＿＿＿＿＿＿

メガトレンド（地球・社会的 MT／業界特有の MT）	自社として設定できる「トレード・オン」のベクトル	社会・ステークホルダーにとっての価値
	・戦略と行動の視点 ／ 全社または部分的	
	・現在の取り組み方との違いを明確化	自社にとっての価値（外部・内部）
ステークホルダーの期待・要請		

Peter David Pedersen©2022

Trade-on Mapping

① パーパス　② 新価値　③ 人材　④ 仕組み・統合　⑤ 実践

SDGs Trade-on Mapping（自社特有の強みを活かすための検証フレームワーク）

実践のために必要なイノベーション

イノベーション連携

製品・サービス

事業プロセス

マーケティング

組織運営・マネジメント・外部との関係性

Trade-on Mapping

Peter David Pedersen©2022

3-1 2030SDGsゲーム・ワークショップ

目的・概要

　一般社団法人イマココラボが開発した2030SDGsゲームは、日本国内においてのみならず世界でも多用されており、SDGsの自分事化やリテラシーの向上を図るうえで、国内外で非常に大きな貢献をしています。一般社員のみならず、役員や幹部層もこのゲームに参加することで、新たな自覚と行動意欲が湧きます。

　ゲーム感覚で、しかしマジメにSDGsを学べる題材としては、有効な手段になりえます。なお、ゲームを実施するには、「カードキット」の購入が必要になります。

　下の実施ステップは、イマココラボの寄稿によって紹介しています。

効果・他のツールとのつながり

[効果]

・SDGsの単なる理解を超えて、自覚と行動意欲が醸成され、自身の持っている影響力や可能性に気づくことがこのゲーム最大の効果ではないかと思います。社内における連携・連帯感、SDGsやサステナビリティに取り組むにあたってのチームワークの強化にもつながります。

[他ツールとのつながり]

・ツール「3-2 SDGターゲット・ファインダー®」、「3-3 イントラプレナー診断」、「3-4 イントラプレナー・コンパス」との親和性が特に高いですが、イノベーション＜新価値＞の種を見つけるにあたっても、入口として活用できるツールです。

👥 参加人数

5名～150名程度（人数により、1チーム1名～3名）。

2030SDGsゲームの1つのカードキットの推奨上限人数は48名（3名×16チーム）。ファシリテーターとカードキットを追加することで複数の世界にして上限人数を増やすことが可能。ただし、3つの世界（150名程度）を超えると、ゲームの結果発表なども時間を要するようになり、また、振り返りでの全体共有などが難しくなるため、150名程度での実施を上限として推奨します。オンラインゲーム ポッシブルワールドの場合はシステムの設計上、5名〜32名となります。

⏱ 所要時間

210分（3.5時間）。SDGsやサステナビリティの本質的理解や浸透を目的とした場合の目安の時間です。目的や意図によって変動します。

💡 準備段階

参加者への事前課題は基本的に不要です。事務局や意思決定者の方と、場の意図、目的、現状のSDGsやサステナビリティに対する取り組み状況、浸透度、今後の展望などを伺います。

💡 事後

2030SDGsゲームワークショップ単体で終わらせず、その後のプロセスまでをデザインしていくとより有効です。

💻 必要な環境・備品など

ワークショップができる部屋（島が組める）で、スクール形式の定員が参加人数の2倍程度のサイズの部屋（ゲーム中の動線確保のため）。

実施する世界の数と同じ数のマグネットがつくタイプのホワイトボード、スクリーン、プロジェクター、マイク、スピーカー（プロジェクターからの音声出力も可）。

以下は実施内容により必要。模造紙、大きめのポストイット、ペン。

オンラインゲームの場合は、Zoomなどブレイクアウトルームが活用できるオンライン環境および参加者1人1台のPC（タブレット・スマートフォンはNG）が必要です。

📅 **実施プログラム案** ....

（3.5時間でのSDGsやサステナビリティの本質理解の基本的なデザインを紹介します）

カード配布などが必要なため1時間前を目安に会場入りします。

9:00 オリエンテーション（目的の説明、アジェンダの説明）、自己紹介、アイスブレイク、SDGs概要など

9:25 **ゲーム説明**：ゲームプレーについての説明

9:50 ゲームプレー

10:20 休憩

10:30 ゲーム体験の振り返り：
- 小グループでの対話と全体での共有を通して、ゲームで自分たちや世界に何が起きていたか、私たちの思考や行動が今日の世界にどの様な影響を与えているのかを探求する
- 現実の世界で起きている事例も交え、ゲーム体験と現実の世界を紐付けていくことで、私たちの変化の可能性を探求

11:30 休憩

11:40 SDGsの根底にあるもの：SDGsやサステナビリティの背景・根底にある問題について理解することで、私たちに求められる価値観の刷新と、ひとりひとりの願いや思いを探求する

12:05 サステナビリティへの潮流：ビジネスにおける企業などの動きを具体的な事例を通して理解を深め、自社の可能性を考える

12:25 **ラップアップ：**
- 参加者から、1分程度で気づき・学びなどを共有する

12:30 終了

ゲーム感覚でSDGsを自分のものにする

イマココラボ　マスターファシリテーター
能戸俊幸

　私たちの今の世界を変革していくことを目指すSDGsはその壮大さ、広範さ、そして正解のない複雑さから遠い世界のことのように感じるのはある意味自然だと思います。また、「自分ひとりが何かしても意味はないんじゃないか」——そう思って何かするのをやめてしまう、そんな経験が誰しもあるのではないでしょうか。

　そんな難しさを越えて、変化に向けて踏み出していく人を増やすためには、今の世界の仕組み・構造・システムを理解し、その中にいる自分の影響力、可能性に気づいていくことが必要です。

　2030SDGsゲーム、そして2021年にリリースしたオンラインゲーム「ポッシブルワールド」ではそれを頭で理解するのではなく、楽しみながら体験・体感を通して気づいていくことができます。

　とある企業で役員向けに2030SDGsゲームを実施した際に参加した役員の方から「私たちも今の世界の状況を作った原因だということを痛感した。一方で、私たちの意識が変わり、行動が変わることで起き得る変化を実際に体験できたことは大きい。ゲームの中で起きたことから自社組織の課題と可能性にも気づけた。次世代に何を残していくのか。不安もあるが、自分たちに何ができるかを考えて行動していきたい」といったコメントをもらいました。

　2030SDGsゲームの場では、こんな風に自分の持っている影響力と可能性に気づいた人の変化に向けた思いに触れられることが少なくありません。

　SDGsやサステナビリティの課題は差し迫った危機であり、社会や世界の注目も高まっていて、取り組まなければならないものとして、悲壮感や義務感が駆り立てられるという側面があるのも事実です。一方で、今までの常識や当たり前を越えて、新たな価値を創造し、社会を変革していくという観点では、私たちの世界や社会の状況を理解した上で、自分の大切な思いや願いに気づき、主体的に行動していく人たちの推進力が求められています。いかに火をつけるか、火を持つ人を見出すかが鍵となるはずです。

3-2 SDGsターゲット・ファインダー®

目的・概要

SDGsターゲット・ファインダー®は、SDGs17目標のロゴおよびコミュニケーションデザイナーであるスウェーデンのJakob Trollbäck（ヤーコブ・トロールベック）氏と、日本のOne Planet Cafeの共同企画として作成されたツールです（私は、その和訳の監修をさせていただきました）。全169ターゲットを分かりやすくかつデザインも素敵な形で紹介しているもので、社員のリテラシー向上のみならず、主体的なアクション検討にも使えます。社会課題・社会ニーズから会社や個人に求められる取り組みや企業価値を高める可能性のあるアクションを探る「アウトサイド・イン」の視点も醸成されます。

効果・他のツールとのつながり

［効果］
・何よりSDGsのターゲットの理解、SDGsの神髄の自分事化を経て、自らアクションを起こすためのマインドセットの醸成と、具体的なアイデアの発掘に活用できます。

［他ツールとのつながり］
・SDGsターゲット・ファインダー®は、特に「2-2 経営イノベーションの4側面検討」のためのアイデア出しや、「2-3 トレード・オン・マッピング」のテーマの発掘に有効といえます。

👥 参加人数

8名〜25名程度（2グループ〜5グループ程度）。

🕐 所要時間

3時間

💻 必要な環境・備品など

　ワークショップができる部屋（島が組める）、もしくは、オンラインホワイトボード（Miroなど）とブレイクアウトルームが活用できるオンライン環境の用意が必要です。

　ここで紹介するワークショップを開催するためには、最低、参加グループ数のSDGsターゲット・ファインダーのセットを購入する必要があります。

　One Planet Café（日本）：https://oneplanetcafe.com/sdgs/

　各グループが作成する「アクション・カード（行動提案）」のためのカード、画用紙など（下記プログラム案参照）。

📅 実施プログラム案

0:00-0:10	事務局より目的の説明
0:10-0:40	レクチャー（事務局によるものでも大丈夫です） 「SDGs、サステナビリティの理解と企業や社会へのインパクト」 目的は、参加者全員の基礎的理解の向上

0:40-0:50	質疑応答
0:50-1:00	休憩

1:00-2:35 ワークショップ： ターゲット・ファインダーを用いたグループワーク
　　　　　 自社のサステナビリティ関連情報の整理　　　　［15〜20分］
　　　　　 ・会社のサステナビリティ関連のビジョン・方針・行動計画などを確認・
　　　　　 　共有
　　　　　 ・所属部署での現在の取り組みと課題
　　　　　 アウトサイド・インによるアクションの検討　［75分］
　　　　　 ・169ターゲット発見タイム（ターゲット・ファインダーのカードを見なが
　　　　　 　ら、各SDGs目標に紐づくターゲットの概要を理解する）
　　　　　 ・所属部署、オフィス、個人のアクション検討
　　　　　 　アウトサイド・インの視点でのアクション案を個別に挙げ、共有する
　　　　　 　それを踏まえて、グループとして推奨したいアクションを議論し、3〜5
　　　　　 　つを選定
　　　　　 ・グループとしての「アクション・カード」を作成する

2:35-3:00　全体共有・全体ディスカッション

※最後の全体共有・ディスカッションおよび次のステップに関する議論にもっとじっくり取り組みたい場合は、
　30分程度ワークショップを延長し、計3時間30分とします。

ターゲット・ファインダー®について

ワンプラネットカフェ
エクベリ聡子、エクベリペオ

私たちは今、エキサイティングな旅の途中にいます。
それは、2030年までに到達を約束した「持続可能な世界」への旅です。

『この2030年の世界には、貧困も飢餓もありません。
すべての人が健康と福祉を手にしています。
質の高い教育はジェンダー平等の社会を導きました。
世界の人々に安全な水と持続可能なエネルギーが行き渡り、持続可能な発展を後押ししています。
働きがいと経済成長によって安定した社会となり、持続可能な産業と技術革新への投資に転換したおかげで、国家間の不平等がほぼなくなりました。
誰もが持続可能な街やコミュニティに住み、つくる責任とつかう責任は、気候変動防止に貢献しています。海の豊かさの保護と陸の生物多様性で、地球上のすべての命が豊かになりました。
地球上のすべての人々がついに平和で公平な社会に生き、グローバルなパートナーシップが大切な役割を担っています。』(SDGsマニュフェストより)

この実現に向け、世界中で素晴らしいリーダーシップを発揮し、行動を起こす人、企業、自治体、国が現れています。あなたもきっとその一人でしょう。
あなたのアクションを、ゴールに焦点を合わせ、的確で効率よくするための指標がSDGsの169ターゲット(詳細目標)です。言い換えれば、169ターゲットは、2030年までに解決すべき課題リストであり、まさに社会ニーズと事業機会のヒントとなる情報で溢れています。
この理解を後押しするために、「ターゲット・ファインダー®」は生まれました。
SDGsロゴデザイナーによって開発された本ツールは、分かりやすいアイコンとスローガンからなる169ターゲットのクイックガイドです。
ターゲットを素早く理解できるだけでなく、発想力や多面的なアプローチのヒントを得ることができます。2030年への旅には、くれぐれもお忘れなく。

3-3 ソーシャル・イントラプレナー診断

目的・概要

　企業には、主体的に社会課題・SDGsなどを価値に変えることのできる人材が求められています。このような人材は、世界ではいま、社会起業家（ソーシャル・アントレプレナー）ならぬ「ソーシャル・イントラプレナー」と呼ばれています。つまり、既存組織にいながら、社会課題を自律的に機会創出につなげる社会起業家的能力をもった人材のことを指しています（ただし、事業企画だけを起こす人材ではなく、ここでは「新しい価値」をより多面的にとらえています。業務関連の新しい企画や、社会貢献的な企画を含む）。

　ただし、ソーシャル・イントラプレナーが育成できるか否かは、当然個人の資質や努力にのみかかっている訳ではありません。同時に、会社のカルチャーやこのように主体的に動く社員をサポートする仕組みや仕掛けも重要となってきます。「ソーシャル・イントラプレナー診断」では、個人と組織の両面から、簡単に現状を評価し、改善・強化への糸口を探ることができます。

効果・他のツールとのつながり

［効果］

・ゲーム感覚で、SDGsやサステナビリティ経営の実践に向けた人材面での個人および組織の現状把握を得ることによって、実施したメンバー間でのディスカッションを誘発し、改善・強化のための具体的なヒントを得ることができます。

［他ツールとのつながり］

・このツールは、ツール「3-3 ソーシャル・イントラプレナー育成のためのイントラプレナー・コンパス」と連動します。

⌐⌐⌐ 実施ステップ

　一定数の社員に対して、下記20問のソーシャル・イントラプレナー診断に回答してもらい、その後、ディスカッションの起点とするか、あるいは、社員発で具体的な改善案を提案してもらいます。

ソーシャル・イントラプレナー診断　（個人編＋組織編）

それぞれ、5〜1で採点してください。
- 　5＝その通りだ！
- 　4＝かなり当てはまる
- 　3＝どちらともいえない
- 　2＝あまり当てはまらない
- 　1＝全く当てはまらない

個人編

ご自身の「現状」について、できる限り客観的にお答えください。

【設問】

スコア
(5〜1)

問1　私は「安定」より「変化」や「探求・冒険」を好む方だ！

☐

問2　私は「ドリーマー」ではあるが、「実践」も着実に重ねている（有言実行である）

☐

問3　私は人を巻き込むのが上手といえる

☐

問4　私は社会課題に関心が高い方だ

☐

問5　私はいまのわが社に変化の風を吹かせたいと日々思っている ☐

問6　私は建設的な思考をもって、常に「可能性」を探そうとする性格だ ☐

問7　私は他の社員や外部の人と協働して、「一緒にやる」のが好き ☐

問8　私は信じているものがあれば、ちょっとやそっとでは諦めない ☐

問9　私は壁にぶつかっても、挽回する力を持っている方だと思う ☐

問10　私は自分のキャリアで「何か大きな目標」を達成したいと思っている ☐

自分編合計点 ＿＿＿＿＿／50

組織編

所属している組織の「現状」について、できる限り客観的にお答えください。
（なお、部門を対象とするか、それとも会社全体を対象とするかは、事前に決めてください）

【設問】

スコア
(5〜1)

問1　私の職場では意見を言いやすい ☐

問2　私の職場はメンバー同士の信頼感が強い ☐

問3　私の職場はボトムアップのイニシアティブを本気で奨励している

問4　私の職場は社会課題発の新しい価値や事業を見つけようとしている

問5　私の職場には「異端」も受け入れる寛大さがある

問6　私の職場は前例主義に捕らわれず、新しいことに挑戦しやすい

問7　私の職場は垣根を超える協働がしやすい
（年齢の垣根、役職の垣根、組織の垣根など）

問8　私の職場は社会感度が高い

問9　私の職場は社員発でイノベーションを起こすための仕組みがある

問10　私の職場は社員のウェルビーイングを本気で重視している

組織編合計点 ＿＿＿＿＿＿／50

診断結果について

個人編	50〜41点	立派なソーシャル・イントラプレナー（あるいはその卵です）!! このまま、周囲を忘れずに前進しましょう！
	40〜31点	ソーシャル・イントラプレナーの素質が高いですね！　頑張って磨いてください！
	30〜21点	これからが勝負だ！組織に揉まれるだけの仕事人生なのか、それとも志を立てて仕事をするか──ぜひ自問自答してみてください！
	20〜11点	ソーシャル・イントラプレナー向きではないかもしれませんね。あるいは、組織に課題があるのでしょうか？
	10点以下	仕事人生を見直してみましょう。きっと、もっと面白い働き方があります！
組織編	50〜41点	素晴らしい職場ですね！これからも大きな目標に向かって、同僚とともに頑張ってください。
	40〜31点	ソーシャル・イントラプレナーを活かすポテンシャルの高い職場のはずです！着眼点を少し変えるだけで、きっと面白い仕事や社会にも貢献できる仕事や事業ができるでしょう！
	30〜21点	マネージャーの俗人的な側面に依存したり、社風と仕組みが「いま一つ」の職場かもしれませんね。改善する余地あり！
	20〜11点	結構深刻です。同僚、上司とタッグを組んで、ぜひ職場の雰囲気改善、仕組みの刷新などに努めてみてください！
	10点以下	かなり危機的ではないでしょうか？まずは、上司や周りの反応を気にせずに、「本質」を追求して、大変革に挑戦してみましょう！

※この結果は、あくまで1つの出発点になります。結果をふまえ、個別に、もしくはグループワークを通じて、会社のサステナビリティ人材育成について議論することをおすすめします。このようなゲーム的要素を取り入れることで、通常の「ミーティング」だけでは進まない議論も、より豊かになります。

3-4 ソーシャル・イントラプレナー育成のための「イントラプレナー・コンパス」

目的・概要

「ソーシャル・イントラプレナー」のコンセプトについては、「3-2 ソーシャル・イントラプレナー診断」をご参照ください。

「ソーシャル・イントラプレナー育成のためのイントラプレナー・コンパス」は、世界規模でイントラプレナーの育成に取り組む（特にSDGsの達成に向けたソーシャル・イントラプレナー育成）グローバルなネットワーク"League of Intrapreneurs"が開発したツール（下記紹介）およびその関連図書『ソーシャル・イントラプレナー～企業にいながら未来を変えられる生き方』（生産性出版、2022年／私が監修をさせていただいた書籍）です。

効果・他のツールとのつながり

［効果］
・ソーシャル・イントラプレナーとしての実践スキルを体系的に磨くことができます（既存組織に所属する社員だけでなく、起業家も有効に活用できます）。会社の規模や業種を問わず活用することができ、ほぼ間違いなくこのツールを使う社員は、主体性が向上し、仕事へのエンゲージメントが高まります（ただし、会社のカルチャー・社風が自主的なイニシアティブを阻害する場合は、そうとも限りません）。

［他ツールとのつながり］
・このツールは、「3-2 ソーシャル・イントラプレナー診断」と連動します。

基本的な理解

社員にアウトプットさせることが人材育成として最も効果的ですし、アウトプットによってはじめて本当の意味での「浸透」が図られる、「自分事化」します。これは、本書のワーク編全体を貫く基本的な主張です（インプットも大切で

すが、より重要なのはアウトプットです）。

　ここで紹介するソーシャル・イントラプレナー育成のための「イントラプレナー・コンパス」は、本書の他のツールで発掘したアイデアを実践・実装に向かわせたいときや、自主的に思い描く構想を形にしたいときに非常に有効なツールです。ここでいう「イントラプレナー」とは、「事業を起こす社内起業家」だけでなく、自主的・自律的に新しい企画を推進したい・できる・目指すすべての社員を指しています。

　下記にて、グローバル・ネットワーク"League of Intrapreneurs"が考案したこの「イントラプレナー・コンパス」の各実施ステップを詳しく解説します（League of Intrapreneursの許可を得て、紹介します）。

⌐╷╌ 実施方法 ⋯⋯⋯⋯⋯⋯⋯⋯⋯⋯⋯⋯⋯⋯⋯⋯⋯⋯⋯⋯⋯⋯⋯⋯⋯⋯⋯⋯⋯⋯⋯⋯⋯⋯

　イントラプレナー・コンパスは、個人もしくは同じテーマ（アイデアの具現化）に取り組むチームで活用するものです。3つのステージを経て、着想・動機の確認から、実践・成果測定までの道程をサポートする楽しいツールです。私は、大学の授業や企業研修で、何度も学生や企業人とともに使うなかで、上手に使ったときの魅力をみてきました。

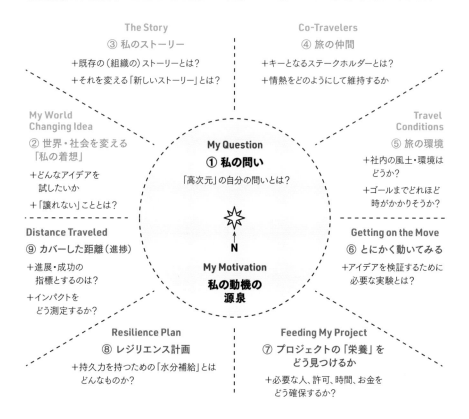

図表 イントラプレナー・コンパス（個人、もしくは共通の夢・アイデアを有するチームで使う）

The Story
③ 私のストーリー

+既存の（組織の）ストーリーとは？
+それを変える「新しいストーリー」とは？

Co-Travelers
④ 旅の仲間

+キーとなるステークホルダーとは？
+情熱をどのようにして維持するか

My World
Changing Idea
② 世界・社会を変える
「私の着想」

+どんなアイデアを
試したいか
+「譲れない」こととは？

My Question
① 私の問い
「高次元」の自分の問いとは？

N

My Motivation
私の動機の
源泉

Travel
Conditions
⑤ 旅の環境

+社内の風土・環境は
どうか？
+ゴールまでどれほど
時がかかりそうか？

Distance Traveled
⑨ カバーした距離（進捗）

+進展・成功の
指標とするのは？
+インパクトを
どう測定するか？

Getting on the Move
⑥ とにかく動いてみる

+アイデアを検証するために
必要な実験とは？

Resilience Plan
⑧ レジリエンス計画

+持久力を持つための「水分補給」とは
どんなものか？

Feeding My Project
⑦ プロジェクトの「栄養」を
どう見つけるか

+必要な人、許可、時間、お金を
どう確保するか？

検討の3つのステージ

（1）イントラプレナー・コンパス中央部分 【動機を明確にする】

　自分（もしくはチーム）が持っている疑問や問いを明文化し、それに取り組む深い動機を浮彫にします。原体験からきている場合もあれば、あえて、発掘をしないと行動を起こす動機がみえてこない場合もあります。

　　例：日本の某大手メーカーの女性は、学生の時にバングラデシュのスラム街の
　　　　子供たちと遭遇し、「なぜ、彼らはこんな暮らしを強いられるのか」と疑問
　　　　に思ったそうです。そこで、グローバルなサプライチェーンをもつメーカー

の一員として、すべてのステークホルダーに幸せをお届けできるサプライチェーンを具現化したいと考えました。

　疑問、高次元の問いを立てること＋それに対して何等かの新しい答えを、ビジネスを通じて見つける深層モチベーションを明確にすることは、主体的に、社内起業家的に動くための強い拠り所になります。

（2）イントラプレナー・コンパスの上部（4つのステップ）【社内で動き出す】
　ここでは、疑問・問いと深い動機が連動する「自分の画期的なアイデア」の構想を描き、そのアイデアを取り巻くストーリーを社内外の関係者に語り、自分と一緒に動ける（あるいはサポートしてもらえるコ・トラベラー（旅の仲間））を見つけます。さらに、組織が置かれた状況をみて、動きだすタイミングを見極めていきます。

（3）イントラプレナー・コンパスの下部（4つのステップ）【実践する】
　実際に動き出すための一定の準備ができたと確信した段階で、構想を具現化するためのプロトタイピングを行い、必要な許可・予算・人的リソースを確保し、動き出します。
　そのなかで、必ず行き詰る時期がやってくるので、あらかじめ自分の「心の水分補給」とはどんなものかを検討し、個人やチームのレジリエンス（復元力）を高めます。併せて、日々の作業のなかで、大目標を見失わないように、予め自ら「何が成功や成果といえるか」といった独自の成功指標を立てます（これに、SDGsの目標やターゲットが活用できる面もあったりします）。

　以下、もう少し詳しく、それぞれの9つのステップで実際に行う作業を説明します。

ステップ❶　**My Question**
私の（高次元の）問い

事業であるにせよ、事業でない新しい企画であるにせよ、社会課題・SDGs
関連の新しい取り組みは多くの場合何らかの疑問や、高い次元の問いから
始まります。先述の電気メーカーの方の例でいうと、「なぜ、サプライ
チェーンの末端にいる子供たちは、貧困に喘ぐ状況から抜け出せないか」
というものでした。

問いの立て方は自由ですが、ある程度高次元であることが大切です。つま
り、「どうしたら社会課題で私個人はもっと稼げるか」のような問いは、こ
のツールに適していません。

My Motivation
私の動機の源泉

問いで取り上げたテーマや、それにまつわるSDGs・社会・環境課題関連の
テーマにこれから力を注ぐ一番根底にあるモチベーションとは何か。動機
の源泉はどこからきているかを探り、明文化します。

バングラデシュのスラム街でみた光景、自分として変えたいと思いながらま
だ行動を起こせていない課題、次の世代に残したい世界や社会など、動機
は人それぞれです。

　普段、じっくり考えることのないコンパスの中央部分に十分時間をかけること
で、そのあと、ぶれずに行動することがより可能になります。適当に埋めていくの
ではなく、立ち止まって、一度人生と仕事を深く考えてみることをお勧めします。

ステップ❷　**My World Changing Idea**
世界・社会を変える私の着想

「世界を変える」とは、少々大げさに聞こえるかもしれませんが、会社、社
会、未来をより良い方向に向かわせるための自分の「画期的な」、「新鮮な」
アイデア・構想と考えていただいて問題ありません。そのようなものがまだ
なければ、無理にこのコンパスを使うことはありませんし、おそらく長続き
しませんが、「本当はこれに挑戦したい！」という思いがあれば、その思
い・アイデア・構想を具体的に描くとともに、絶対に譲れない線や、最も大
切にしたい価値観などを明確にしておきます。

ステップ❸　**The Story**
私のストーリー

組織には、これまでの成功パターン、稼ぎ方、通説など、何等かのストー
リーやナラティブが既に存在します。自分やチームの新しいアイデアを実ら
せるためには、そのアイデアを魅力的かつ効果的に他者に語るためのニュー
ストーリーを組み立てる必要があります。このストーリーはゆくゆくビジネ
スモデルや、価値提案ともつながりますが、仮に事業系でない新規の取り
組みであっても、その有効性を他者に伝えるストーリーが欠かせません。

ステップ❹ Co-Travelers
旅の仲間づくり

ストーリーを何度も社内および社外の人に語ることによって、仲間、無関心な人、アンチな人が自ずとみえてきます。

何度も語り続けることで、徐々に一緒に動いてくれる仲間＝コ・トラベラーを巻き込んでいけるようになります。

コ・トラベラーなくして、企業における「旅」は長続きしませんが、社外におけるパートナーも大切なコ・トラベラーだったりします。

可能であれば、理解を示す上司や、プロジェクトのスポンサーとなりうる社内のリーダー役のようなコ・トラベラーも見つけてください。すぐに現れないかもしれませんが、進めるにあたっては、重要なプレイヤーになる場合があります。

ステップ❺ Travel Conditions
旅の環境

会社には、新しいものを起こしやすいタイミングと、起こしにくいタイミングがあります。利益が出ているから動きやすい場合もありますし、反対に、危機的な状況に直面しているからこそ、新しいものが歓迎される場合もあります。

可能な限り会社の置かれた状況を見極めながら、旅の環境がふさわしいタイミングで、実践のステージへと動きます。

ステップ❻ Getting on the Move
とにかく動いてみる

ここでは、実証試験やプロトタイピングのように、小さく動いてみて、早く学習し（あるいは早く失敗し）、その学びから次の一歩を検討します。自主的な構想の場合、会社は必ずしも、すぐに予算などを用意してくれません。手弁当で動ける範囲内で試験的に動いてみるか、着実だが小さな成功を積み上げられるところから動いてみることです。その実績を積み、上司や周囲の信頼を獲得できれば、次のステップに進みやすくなります。このステップでの焦りに気を付けましょう。まずは、プロトタイピングや実証試験で大切なフィードバックを得てから、企画を大きくしていきます。

ステップ❼ Feeding My Project
プロジェクトの「栄養」を確保する

さて、ここからが本当の意味での「本番」です。
実は、**ステップ❺〜❻**とこの**ステップ❼**の間に大きな壁がある場合が少なくなく、ここでとん挫してしまう企画が非常に多いと感じます。

プロジェクトの「栄養」とは、すなわち会社から動いていいという許可、実践にもっていくための予算、そして人的なリソースだったりします。様々な予算配分があるなかで、なぜ、いま、あなたが描く新しい構想や企画を「事業化」、あるいは「実践」しなければならないか―その説得のためには、「思いやストーリー」だけでなく「ビジネスモデル」や事業の場合は「マネタイズの仕組み」をきちんと考え、許可や予算を与えくれる人・部署に伝えないといけません。

ステップ❽　Resilience Plan
続けるための「レジリエンス計画」

ここは、このツールの非常に人間らしく、現実的なステップで、個人的にとても気に入っています。仮にプロジェクトの「栄養」を獲得できたとしても、計画どおりに進む真新しい企画はほぼ皆無に等しいです。タイムラインも、ほぼ確実に遅れます。新企画・新規事業は、だいたいそんなものですが、そこでいちいちくじけないように、あるいは燃え尽き症候群にならないように、自分やチームの楽しい企画・食事会などを開催したりすることや、行き詰ったときに、何によって元気を取り戻せるかをあらかじめ検討します。行き詰まってからではなく、旅の途中でも楽しさを忘れず、そして、自分としての「心の水分補給」とは何かを、よく考えてみてください。

ステップ❾　Distance Traveled
カバーした距離（進捗の指標）

会社が設定するKPIや、自分が追う通常の業績目標ではなく、この新しいプロジェクトに取り組むメンバーの間で、「何を成功と考えるか」、「どんなインパクトをもたらしたいか」、「どのようにして（どのようなマイルストーンや指標で）進捗を測るか」を議論しながら決めてください。

できるだけ「実践」のステージの早い段階でこれを明確にもっておきたいものです。このような、自分たちが決めた目標、メンバーが共有している将来的なインパクトや夢、そして旅でカバーした距離を測定するためのものさしをもつことによって、多少荒波に遭遇しても先に進むことができます。

この夢・インパクト・成果目標は、おそらく高次元の問いや、動機の源泉（コンパスの中央部分）と密接に関係するでしょう。

　実際に、イントラプレナー・コンパスのワークシートにそれぞれのステップごとの検討結果を書き込み、新たな気づきがあったときに更新・加筆します。新しい企画や事業を既存組織内から起こしていく過程は、時には長い旅のように感じるものです。そこで迷わないようにサポートしてくれるのは、このツールです。

　会社からみれば、社員個人やチームにてこのツールを活用してもらうことによって、割とテクニカルである「ビジネスモデルキャンバス」とは違った次元や角度から、新企画・新規事業を起こしていくための主体性と社内起業家的な能力を高めることができます。

　※ワークシートは必要に応じて、拡大コピーしてお使い下さい。

（125ページ）イントラプレナー・コンパス（ワークシート）

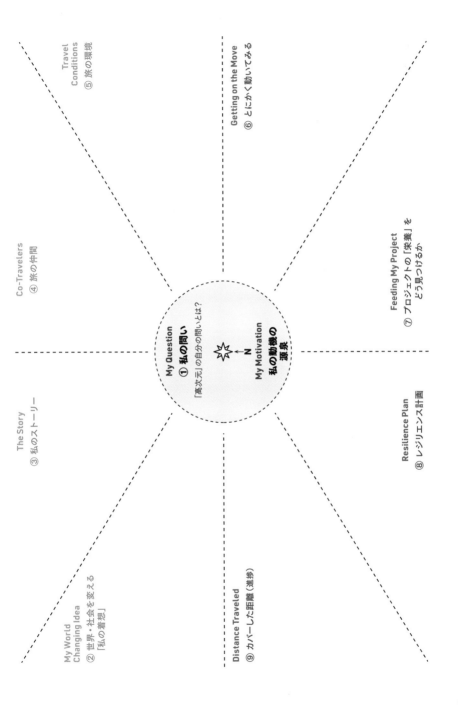

Travel Conditions
⑤ 旅の環境

Getting on the Move
⑥ とにかく動いてみる

Co-Travelers
④ 旅の仲間

Feeding My Project
⑦ プロジェクトの「栄養」を
どう見つけるか

My Question
① 私の問い
「高次元」の自分の問いとは？

My Motivation
私の動機の
源泉

The Story
③ 私のストーリー

Resilience Plan
⑧ レジリエンス計画

My World
Changing Idea
② 世界・社会を変える
「私の着想」

Distance Traveled
⑨ カバーした距離（進捗）

① パーパス

② 新価値

③ 人材

④ 仕組み・統合

⑤ 実践

4-1 経営計画等への統合

　自社の長期的・中期的な経営計画に、SDGsやサステナビリティを完全に統合する時代が到来しています。ごく最近までは、「経営」と「サステナビリティ」が別次元で扱われていた企業がほとんどでしたが、今後は、本書でも主張してきたように、サステナビリティを無視したイノベーションが終焉を迎えようとしているのと合わせて、SDGsに込められている目標を度外視した経営計画も徐々に姿を消していくでしょう。投資家をはじめとした外部ステークホルダーからも、また、これからの優秀な将来人材からも、経営への統合を本気で図ろうとしない企業は、敬遠されるようになります。

　ここでは、企業の経営の各側面に、どのような視点からの統合が必要かを検証します。

効果・他のツールとのつながり

[効果]

・経営全般への効果的な統合は、価値を生むSDGs・ESG・サステナビリティ経営のために必須となってきています。それによる個別の効果が生まれるというよりは、経営品質そのものを高め、レジリエントな（強靭な）企業体質を確立するための必要条件の1つとなってきています。

[他ツールとのつながり]

・すべてのツールとのつながりがありますが、特にツール「4-2 ロジック・モデル」、「4-3 ビジネスモデルキャンバスのワークショップ」、「2-2 経営イノベーションの4側面検証」との親和性が高いです。

統合が必要な主な側面

① 経営計画	特に長期目標と中期経営計画との一体化
② 幹部層の賞与など給与体系	幹部層の賞与における、自社にとっての重要な関連指標の反映（たとえば、CO_2排出の推移など）
③ 業績評価・人事考課	業種によって異なりますが、可能な場合は、日常的な業務評価・人事考課との連動を図る
④ 人材育成	基礎的スキルセットへの組み込み、研修体系への統合
⑤ 研究開発・イノベーション	R&D計画への統合、経営イノベーション全般への統合（技術・製品／サービスイノベーションに限定せず）
⑥ 広報活動	インナーコミュニケーション（社員向け）、外部向けコミュニケーションに、自社の姿勢・ストーリー・活動・実績を戦略的に統合する

　実は、これでもまだ出尽くしていないといえます（細分化すると、さらに統合が必要な側面もあります）が、この6つの側面に組み込むことで、経営品質全般が向上することは間違いないでしょう。併せて、社員のエンゲージメントと外部評価の向上にも寄与するはずです。

　ここで、それぞれの側面における取り組みのポイントを紹介したいと思います。

① 経営計画

SDGs・サステナビリティを無視した経営計画は、企業価値の向上に寄与しなくなってきています

　ごく最近、大手企業なら3〜5年の中期経営計画にSDGs・ESG・サステナビリティが一体的に描かれるケースが増えています。それでもまだ道半ばですが、今後は、経営者や幹部層が自らリードし、経営企画が本気で取り組み、サステナビリティ担当部署が専門の機関として支援することによる、より効果的な統合が期待されます。

　2050年や2030年といった長期ビジョンの策定や、年限をもたない自社のパーパスを再設定し、それを北極星として取り組む企業も近年増えています（実は、

ここは日本企業が世界をリードしている一面です）。この長期思考の追求によって、わが社はどこに向かおうとしているかを社員が理解・納得できるだけでなく、社外からみても、「あの会社は、社会と向き合って、本気で問題解決に挑んでいる」という評価につながります。

経営計画への統合は、何も大手企業だけが取り組む話ではありません。中小企業・地域企業においても、社員参加型でアイデア出しを行い、ワンチームで望ましい未来へと向かうことがモチベーションの向上と、組織における一体感の強化につながります。

② 幹部層の賞与など給与体系

自社の本気度を内外に示す最も象徴的な取り組みの1つは、経営者・幹部層の報酬査定への反映

日本ではごく最近の動きですが、取締役や執行役員の賞与査定に、例えばCO_2目標の達成度合いや、ESGに纏わる外部ランキングの評価を反映する取り組みが広がっています。

これは、もちろん「役員」が対象であったとして、納得のいくフェアな方法論で実施することが求められますが、社内外に対して、自社の本気度を示す非常に強力なアプローチであることは間違いありません。

日本では、例としてオムロン、明治ホールディングス、丸井グループ、ソニーなど、多くの企業が近年導入しています。

査定において使われているいくつかの代表的な側面
・ESG関連パフォーマンス全体の達成度合い
・自社のCO_2削減目標やネットゼロ戦略の達成度合い
・DJSI、FTSE、CDP、Sustainalytics、GPIFなど著名なESG評価・格付け機関の採用やランキングの推移
・社員エンゲージメントスコアにおけるサステナビリティや環境活動の貢献度合い
・自社らしさを反映した独自項目の達成度合い

③ 業績評価・人事考課

ボーナス査定や人事考課への反映は慎重に。その前に、「参画と貢献の機会」を増やすことが大切

上記の幹部層の賞与査定への反映よりはまだ少ないけれど、社員全般のボーナスの評価に、一部ESG・サステナビリティ関連の目標達成度合いを組み込む企業も、国内外で増えています。

日本では、例として花王、ソニー、海外ではマスターカードやアップルなどが導入しています（これらの企業は、役員報酬の査定にも反映しています）。

これは、正直まだ黎明期にある取り組みです。ここで最も重要なのは、社員がみずから貢献できる、もしくはその目標の達成度合いに本当に影響を与えうると実感できるか否かだと思います。

言い換えれば、フェアであり、納得感があるか否かがポイントになります。無理やり導入し、現場での不平不満につながれば、本末転倒です。

個人的には、何もかもすべて「評価」というものさしでとらえるのではなく、「参画と貢献の機会」が社員にとって一番大切だと感じています。したがって、社員の人事考課に安易に導入する前に、自社のSDGs・サステナビリティ経営に対する参画の機会の強化を図ることが先でしょう。

④ 人材育成

基礎的スキルセットへの組み込み

マインドセットの醸成と行動スキルの向上は必須ですが、モチベーションを削がないやり方に留意が必要

安易に「SDGs・サステナビリティ研修」を導入する前に、自社が今後求める人材像において、SDGsやサステナビリティがどのような役割を担い、社員にどのような新たなスキルセットをもってもらいたいかを議論すべきです。この議論の深さが足りない企業が多いと感じます。

経営は人なりといいますが、その経営に「サステナビリティ」が前置詞のように付く時代においては、当然「サステナビリティ人材」も必要になります。自社の業界の特性も考慮し、どんなスキルセットの強化が求められるか、あるいは人材像の構成要素そのものにSDGs・サステナビリティがどのような影響を与える

① パーパス

② 新価値

③ 人材

④ 仕組み・統合

⑤ 実践

かを、腰をすえて、経営幹部、人事部、経営企画部、サステナビリティ専門部署合同で検討したいものです。

　大手企業でない場合なら、そこまでの緻密な検討はできないと思いますが、それでも経営幹部は人事を担当する社員とともに、今後必要になるマインドセット、スキルセットとは何かを議論するところに意味があります。

研修体系への統合

　上記のような議論があってはじめて、社員からみても納得がいく、そして実際に効果を生む研修体系への統合が実現できます。当然、SDGs・サステナビリティ関連の研修を増やすことが先行する場合もあると思いますが、その目的と目指したい効果が受講者にとっても明確であればあるほど研修は効果的になります。「ああ、また1つ面倒な研修が増えた！」と思わせるのではなく、「なるほど、自分のスキルアップ、会社への貢献の機会の向上につながる」と納得してもらえる展開がポイントになります。

⑤ 研究開発（市場開拓）・イノベーション

研究開発（市場開拓）とイノベーションのビジョンをもとに、本気でSDGs・サステナビリティを統合する時代

　これは本書全体を貫くテーマであり、他の経営ツールのなかもこのアプローチに触れますが（例えば、「2-2 経営イノベーションの4側面検証」）、できれば「何のための研究開発（市場開拓）」、「どのようなビジョンに基づく新たなイノベーションを目指すか」を、明確に社内外に発信していきたいものです。

　2011年以降、独自のサステナビリティ経営コンセプト「KAITEKI経営」を推進してきた三菱ケミカルホールディングスでは、例えばR＆Dやイノベーションの「基本方針」と連動させるかたちで、次のように内外に向けて発信しています。

> 　KAITEKI経営3つの基軸の一つであるMOT（技術経営軸）を担っているのが、研究開発（R&D）です。三菱ケミカルグループ（MCG）の持続的成長を支える原動力として、KAITEKI実現に貢献するイノベーションを追求しています。

R&Dのターゲットを企業活動の判断基準であるSustainability、Health、Comfort に集約するとともに、事業戦略・知的財産戦略とあわせた三位一体運営を通して、MCGの企業価値であるKAITEKI価値最大化をめざしています。強みである分子設計、機能創出・高付加価値化、加工・デバイス化技術とグループ全体で約4500人を擁するR&D体制をベースに、グローバルな視点での産学官連携を活用しながら、高い競争力の維持とタイムリーな成果を実現します。

イノベーションに関する方針 | イノベーション | 三菱ケミカルグループ（mitsubishichem-hd.co.jp）

「サステナビリティは本社部門（コーポレート）」、「イノベーションは事業部門」が別々に担うという時代は終わっています。事業イノベーションにおいても、SDGsやサステナビリティの視点は、企業価値の維持・向上のために必須となっています。

⑥ 広報活動

自社の姿勢、コミットメント、ストーリーと、具体的な活動をすべてのコミュニケーションに組み込んでいく

企業のコミュニケーションには、さまざまな側面があります：

- 社員・パートナー向けのインナーコミュニケーションやインナー・ブランディング
- 顧客向けのコミュニケーション≒マーケティング・コミュニケーション
- コーポレートおよび製品ブランドごとのブランドコミュニケーション
- 外ステークホルダー向けの財務ならびにサステナビリティ関連コミュニケーション

などが挙げられます。

共通しているのは、ここ5－6年の間に激変が起きていることです。これらの「広報活動」のすべての側面において、SDGsやサステナビリティの視点を組み込むことが質の高いコミュニケーションを実現するための重要なテーマとなってきています。

広報にかかわる専門部署にとっては、まだまだ新しい挑戦だと思いますし、当然、その実践のためのリテラシーが足りない場合もまだ多いはずです。しかし、

イノベーションと同様に、広報活動全般でも、現場発の主体的な取り組みこそ、強靭なブランドを築き上げるための土台となってきています。

　ここでは、むしろ中小企業・地域企業は俊敏に、ウェブサイトなども通じて特徴のあるコミュニケーションへの転換が可能だと思いますし、これを恐れずに、少しエッジを立てる形で実践することをおすすめします。

　最近は、日本の産業界でも「統合経営」や「統合報告書」が話題になっています。しかし、ややもすると、「サステナビリティオタク的」なとらえ方に陥りがちなところがあります。究極の「統合経営」は、社会資本と自然資本を維持ないし増幅させるオペレーションと事業を行うことであって、何も外部ステークホルダー向けのＰＲ活動のために実施するものではありません。

　点検すべきポイントは、「**わが社のオペレーション（オフィス部門、製造部門、輸送など）と、事業（製品・サービス）において、どこを、どのように変えればより持続可能な方向に向かうか**」であり、その実践に向け、会社の各機能・各部門・各活動に、本気で一体化し、統合させることです。

4-2 ロジック・モデルで活動を整理する

目的・概要

　1980年あたりから米国では、組織、地域など複雑なシステムに変化をもたらしたいとき、変化のステップと実現したい最終的な成果をビジュアルに示す「ロジック・モデル」が採用され始めました。長期的に目指したい「成果」から発想し、下に紹介するフレーム（ステップ）に沿って、論理的な実践への道筋を描いていくところから、「ロジック・モデル」と呼ばれるようになりました。

　ロジック・モデルは、事業面でも非事業面でも活用できます。「積み上げ方式」ではなく、インパクト＝最終的に実現したい長期的な成果からプロセスを開始することがポイントです。

効果・他のツールとのつながり

[効果]

・この手法は、企業の大きさを問わず、短中期および長期において目指したい成果から発想し、その実現に向けたステップや、自社として活用できるリソースを整理する首尾一貫のフレームワークとして非常に有効です。体系的に整理することで、それまで気づくことのなかった強みや、埋めていかないといけないギャップなどが見えてきます。

[他ツールとのつながり]

・目指したい最終的な「成果」から発想するという意味においては、ツール「2-1 バックキャスティング」と通じるところがありますし、バックキャスティング手法とほぼ時期を一にして、アメリカで生まれた手法であることも興味深いところの1つです。

⌐⌐ 実施ステップ ···

❶ Impact＝最終成果の設定（直面している課題の裏返しの場合もあります）

❷ 自社として現在もっている資源の確認

❸ 今後とるべきアクションの検証

❹ 具体的なアウトプット＝KPI（キーパフォーマンスインディケーター）の設定

❺ 短中期において達成したい目標の設定（KGI＝キーゴールインディケーターとも言います）

❻ この一連のフローの論理性、欠けている要素の確認と補強などで首尾一貫したモデルに仕上げる

　最終的な「成果＝インパクト」から始めることがポイントですが、これが「問題や課題の裏返し」である場合も少なくありません。下では、ロジック・モデルの図に「サステナビリティ人材」というテーマを入れてみました。長期的な成果目標は、次のような社会の課題認識から設定していると仮定しています。

　「わが社の社員はまだSDGsリテラシーが低く、関心も強くなく、主体的に行動を起こせていない」。

　この課題認識から生まれた長期的な成果目標（実現したインパクト）は、「主体性と行動力の高いサステナビリティ人材の多い組織」となります。

図表 ロジック・モデルの例（テーマ：サステナビリティ人材）

Resources 活用できる資源	**ステップ②** ・現在の研修体系における環境研修 ・まじめで勤勉な社員 ・理解力のある幹部層 ・最近できた社内大学 ・外部ネットワーク（講師候補）
Activities 行う活動・ アクション	**ステップ③** ・まず、専門家を入れて、わが社にとっての「サステナビリティ人材」の定義を確立する ・この定義に沿って、研修体系を抜本的に見直す ・幹部層の教育から開始する ・社員全般に対して、階層や職種に合わせた研修やワークショップの実施 ・SDGs留学など外部との接点・協業機会の提供
Outputs アウトプット （KPIと連動）	**ステップ④** ・今年度中に新たな人材像を明確に設定する ・来年度中に、研修体系を刷新する ・来年度半ばまでに、全役員80名を対象に、ワークショップを実施、95％以上の受講率を実現 ・来年度中に社員の50％に対して、最初のワークショップを実施 ・今年中に外部パートナーを見つけて、来年度から社員の派遣を開始（年5名以上）
Outcomes 短中期の 達成目標	**ステップ⑤** 〈3年のスパン〉 ・SDGsサステナビリティに対する、ボトムアップ型の行動リテラシーを醸成する ・すべての事業部門において、サステナビリティ・エキスパートを配属し、リーダー的役割を担ってもらう ・SDGsサステナビリティに対応する複数の新規事業が考案され、最低3件は事業開発のプロセスを開始している
Impact 実現した 長期的な成果	**ステップ①** 〈5～10年のスパン〉 主体性と行動力の高いサステナビリティ人材の多い組織 （これによって、わが社のいたるところに、自らSDGsなど社会課題をチャンスに変え、やりがいを実感できる社員を配置する）

※1：一見、「アウトプット」「アウトカム」「インパクト」の3つのボックスが微妙に重複するように感じられるかもしれませんが、それぞれ簡単に整理できます：
　　　アウトプットは、その活動から実際に生まれる数値的もしくは定性的な結果（KPIと連動）
　　　アウトカムは、短中期的に達成したい目標（KGI＝キー・ゴール・インディケーター）
　　　インパクトは、最終的に実現したい本質的かつ長期にわたる成果

※2：この手法は、実践はいたって簡単ですが、ワークショップ形式にて、社内のしかるべきメンバーに参加してもらって実施したほうが効果的で、多様なアイデアが生まれます。宿題のように、一部門が「こなす」というよりは、論理的かつ創造的に自社の取り組みをアップグレードするための創発型のツールとしてぜひご活用ください。

4-3 ビジネスモデルキャンバスの ワークショップ

目的・概要

　OECDの経営イノベーション4側面（ツール2-2参照）に、ある意味欠けている重要なイノベーション活動が1つあります——「ビジネスモデルのイノベーション」です。SDGs・サステナビリティを経営と事業に統合していくためには、ビジネスモデルの刷新や、新たなビジネスモデルの構築が必要な場合が少なくありません。

　ここでは、一般社団法人ビジネスモデルイノベーション協会のご協力を得て、多くの企業で現在使われている「ビジネスモデルキャンバス」のワークショップのステップを紹介し、さらに、キャンバスにおける社会や環境の視点をどのように効果的に組み込めるかを紹介します。

効果・他のツールとのつながり

[効果]

・SDGsやサステナビリティは、新しい価値提案を余儀なくする場合が少なくありません。小手先の微修正ではなく、ビジネスモデルの点検や再構築、新規のビジネスモデルの検討にメスを入れていかない限り、その新しい価値提案がみえてこない場合が多いと思います。社会・環境の視点を取り込みつつ、社員参加型にてビジネスモデルキャンバスを活用することで、二律背反の関係になりがちな「サステナブルな新規事業の創出」と「コスト抑制」の間の負の関係性を解消できる可能性が高まります。

[他ツールとのつながり]

・経営ツール「2-3 トレード・オン・マッピング」で発掘した新たな事業アイデアをもとに、ビジネスモデルキャンバスのワークショップを行うことが有効でしょう。併せて、「1-1 シナリオ・プランニング」や「2-1 バックキャスティング」を行うなかでみえてきた新たな事業テーマに切り込み、具体化するためにも活用できます。

🖥 ビジネスモデルキャンバスのワークショップ（以下、BMCと略します）

　ビジネスモデルキャンバスは、2004年ごろ、スイス人の起業家でありイノベーションコンサルタントであるアレクサンダー・オスターワルダーが考案したものです（彼は、2010年に『ビジネスモデルジェネレーション』を出版し、一躍有名になりました）。

　近年、これほど広く使われてきた新しいビジネスツールがないのではないかと思うほどの広がりを見せています。日本では、㈳ビジネスモデルイノベーション協会並びにその代表理事である小山龍介氏（下記のコラム参照）がその普及に大きく貢献してきました。ゲーム感覚で、しかし真剣に、ビジネスに関心があるなら誰でも、9つのステップに沿ってビジネスモデルを検討・検証できることが、このツールの人気の秘訣ではないかと思います。

　1つの決まったやり方がある訳ではありませんが、ここでは、社員参加型にて実施できるワークショップスタイルでの進め方を紹介します。近年は、サステナブル・ビジネスモデル・キャンバスも様々な形で考案されていますし、読者としてそのなかで最適なものを見つけたり、あるいは、自社に合ったかたちで加工するのも一案だと思います。しかし、ここではあえて「古典的」なビジネスモデルキャンバスを活用し、そのなかでも十分SDGsやサステナビリティの視点を統合できることを一緒に確認してみたいと思います。

図表 ビジネスモデルキャンバス（以下、BMC）

KP パートナー	KA 主要活動	VP 価値提案	CR 顧客との関係	CS 顧客セグメント
	KR リソース		CH チャネル	
C¥ コスト構造		R¥ 収益の流れ		

👥 参加人数

8名〜25名程度（2グループ〜5グループ程度）。

🕐 所要時間

これは、どこまで徹底的に取り組むかによって大きく異なりますが、最低半日程度は必要です。

💻 必要な環境・備品など

ワークショップができる部屋（島が組める）、もしくは、オンラインホワイトボード（Miroなど）とブレイクアウトルームが活用できるオンライン環境の用意が必要です。

ビジネスモデルキャンバスのワークシート（リアルもしくはMiroなどオンラインホワイトボード）の他、対面開催の場合は、グループ数のホワイトボード、模造紙（ワークシートの代わり）、ポストイット、ペンなどが必要になります。

📐 実施ステップ

BMCのどのフィールドから実施しないといけないという決まりはありませんが、最初のステップに関しては、次の順番で進めていただいたほうが順調に進むと思います。

ステップ❶ 何について検証するか／対象・テーマ・パーパスの設定

何について議論・検証するか、何の目的やパーパスの実現のためにBMCを活用するかをまず設定します。ここでは、テーマがあらかじめ設定されていると想定します。本書の分脈でいうと、おそらくこの最初のステップから、通常のビジネスと少々異なる一面があるでしょう。社会課題解決や、環境的なテーマを扱う事業テーマが設定されると思います。

> 例： ビーガン（菜食）食品の新規事業

下記では、この例に沿って検討していきます。

ステップ❶ カスタマーセグメント

次に、顧客セグメントを明確にします。

「誰のため」という設定がなければ、価値提案を検討することも非常に抽象的になるためです。カスタマーセグメンテーションは、多くの企業で既に取り組んでいるテーマだと思いますが、「広くとらえるか」、もう少し「ニッチ的で細分化したセグメンテーションとするか」によって、その後の検討内容が変わります。

> 例1　社会課題に関心の高いZ世代を中心とした若者
> 例2　LOHAS思考の強い日本の消費者

当然ですが、焦点の鮮明な価値提案を検討したい場合には、より正確なセグメンテーションが効いてきます。

ステップ②　価値提案

次に、価値提案を考えます。

対象となる顧客がその新しい製品やサービスを選ぶ「理由」になるところです。受け手がどの部分に価値を認め、その製品やサービスを「なぜ選ぶか」を明文化することが重要です。ここでも、SDGsやサステナビリティの要素を含んだ事業である場合に、独自性や通常の事業にはない、より広義な価値も含まれる可能性があります。

> **意識のあるZ世代など若者を顧客セグメントと想定した場合**
> 例1　手軽で、簡単にコンビニスタイルで消費できる**ビーガン・レディミールの提供**
> 例2　売り上げの一部が社会貢献（途上国における有機農業支援）に充当される便利な**ビーガン食材の商品ライン**

このあとのフィールドに関しては、基本的に発想しやすい順で問題ありませんが、ここでは「顧客との関係」と販売・顧客接点の「チャネル」を次の2つのステップと置きます。

ステップ❸　顧客との関係

どのような関係性の中で、その事業・製品・サービスを提供するかを明確にします。例えば、サブスクリ的な関係でビーガン食材を提供したいのか、それともとにかく通勤中に、利便性高く購入できるレディメイドのものを提供したいかなどです。これは、当然「④ チャネル」とも連動します。

ステップ❹　チャネル

顧客と出会い、製品・サービスを提供するツール・場・方法論を検討します。

次に、これまで描いてきた事業・製品・サービスを製造・提供するにあたって欠かせないリソース、パートナー、そして最も重要なアクションを考えます。これも特に決まった順番がありません。

ステップ❺　パートナー

その製品・サービスを市場に投入するまでに必要となるビジネス・パートナーなどを挙げます。当然、複数あって問題ありません（多くの場合はたくさん存在します）。

ステップ❻　主要活動

主要活動とあるのは、その事業・製品・サービスを実現する「なら」ではのアクションを明確にするためです。例えば、会計業務、総務というものをここに含

む必要がありません。

> 例1　有機農業生産者とのネットワーク構築
> 　　　地元の製造メーカーと製造方法を確立する
> 　　　EC 通販に詳しいスタッフの確保
> 　　　EC 通販サイトの特定と契約
> 　　　インターネット広告活動などオンライン上の広報活動
>
> 例2　有機農業生産者とのネットワーク構築
> 　　　地元の製造メーカーと製造方法を確立する
> 　　　コンビニやスーパーマーケットの発掘と契約
> 　　　マーケティング活動

ステップ❼　リソース

　大きくとらえればその事業・製品・サービスを市場に投入するために必要な財務的・物理的・人的リソースを指しています。

> 例　・試作品製造、通販サイトへの出店、スタッフの採用、オフィススペース確保などのための立ち上げおよび当面の運転資金
> 　　・EC 通販サイトへの出店費用の確保（最低1年分）
> 　　・オフィスの確保
> 　　・スタッフの採用（できれば意識の高い若手）

　最後に、コスト構造と収益の流れを描きます。

ステップ❽　コスト構造

　事業・製品・サービスを実現するにあたっての主なコストを具体的に挙げます。

> 例1　オンライン販売がメインの場合
> 　　　人件費
> 　　　オフィス家賃

製造コスト

EC 通販サイト出店費用

オンラインマーケティング費用

例2 店頭販売がメインの場合

人件費

オフィス家賃

製造コスト

コンビニ・スーパーのマージン

広報活動

ステップ❾　収益の流れ

どのような課金モデルで収益を上げていくかを検討します。

例1 月額のサブスクリプション・フィー（年間一括も可能？）

一部のオーガニック専門店での個別販売もありうるか

（プレミアム価格をねらうか、マス向けの価格設定を目指すかを検討する）

例2 商品代金（個別販売）→ 小売店からの販売代金

（ネット通販も併せて検討できるか？）

　ステップ❶（テーマや事業のパーパス）、**❶顧客セグメント**、**❷価値提案**において、SDGsやサステナビリティの要素を組み込むことでどのような価値補強ができるかを明らかにすることができます。ここは、最も基礎的な要素になるといってよいでしょう。

　併せて、**ステップ❸～❾**においても、社会課題への対応・環境配慮を組み込むことによって、ビジネスモデル全体の価値を向上させられるかを検討します。その時に、どのような視点が有効であるかを考えるにあたって、インターネットで現在多く存在するサステナブル・ビジネスモデル・キャンバスを参考にするのも一案です。

　㈳ビジネスモデルイノベーション協会の小山龍介代表理事のコラムでも、この「SDGs・サステナビリティ的価値の統合」を具体的に取り上げていますので、ぜひご参照ください。

新しいビジネスを「キャンバス」に描く

一般社団法人ビジネスモデルイノベーション協会　代表理事

小山龍介

　ビジネスモデルキャンバスを開発したアレックス・オスターワルダーが心配したのが、このツールの間違った使い方が広まることでした。9つのブロックからなるフレームワークは、えてして穴埋めするためのチェックリストとして使われがちです。9つ埋めることが目的となってしまうと、いざ埋めてみても何も新しい発見がない、平凡なツールになってしまいます。アレックスは、このツールに「キャンバス」という名前をつけました。これは、ビジネスという絵を描くための土台であるということと同時に、そこに描かれるビジネスモデルについても、調和の取れた美しい絵と、そうでない絵とに分かれるのだということが、含意されています。とにかく要素を9つのブロックに置くだけの間違った使い方をすると、福笑いのようないびつな絵ができあがってしまいます。

　重要なのは、9つのブロックがお互いに深く関連しあっており、ひとつの要素を変更すると他の要素にも波及していくという、ダイナミックなシステムがここに存在しているということなのです。たとえば、価値提案に「環境負荷低減」という価値を加えたとします。これは今や、多くの顧客が購入動機として重視する重要な価値のひとつです。しかし、これをどのように実現するのか、その主要活動やリソースをどうするのか、またそのことをどのようなチャネルを使って顧客に伝え、顧客との関係を変えていくのか。ドミノ倒し的にビジネスモデルが変化していくわけです。

　ビジネスモデルキャンバスの背景にはこうしたシステム思考がはたらいており、ビジネス全体を有機的なネットワークとしてみることなしに、優れたビジネスモデルを設計することはできないのです。

　さらにサステナブル・ビジネスモデル・キャンバスにおいては、ビジネスモデルというシステムが生み出す社会や環境に対するベネフィットと負担を考慮します。これらをただ計算するというだけでなく、ベネフィットが常に負担よりも多くなるようにと、ビジネスと社会・環境の両方を成り立たせる連立方程式を解くことが求められているのです。

　このように、ビジネスモデルキャンバスは単なる情報整理のフレームワークではありません。ビジネスを支えるさまざまな要素をダイナミックにつなぎかえることで、ビジネスと社会、環境の調和を図る、高度なデザインツールと認識すべきものなのです。

5-1 SDGsコミュニケーション原則

目的・概要

　内外に対して効果的なコミュニケーションを図ってはじめて、SDGsやサステナビリティ経営が行動変容をもたらし、企業価値の向上につながりうるものになります。ここでは、コミュニケーションを広くとらえ、「情報・ストーリーの発信・共有」を超えて、「新しいブランド・プロミス」や「双方性のエンゲージメント」までを含んでいます。SDGsコミュニケーションの「5原則」を提示し、それぞれに沿った行動案を示します。

効果・他のツールとのつながり

［効果］

・インナー・コミュニケーションは、何より深い動機、仕事のやりがい、社員満足度（ES）の向上をもたらすポテンシャルを秘めていますが、本書のワーク編のテーマであるように、「発信や浸透」だけでなく、そのインプットをふまえて社員が自ら考え「アウトプット」したときにこそ、コミュニケーションで伝えたかった内容が身に付き、自分事になります。

・外部向けコミュニケーションには、ブランドやマーケティングコミュニケーション（ツール「5-2 ブランド検証ツール」参照）の他、社会やステークホルダー向けのコミュニケーションがあります。それぞれの対象に合ったコミュニケーション・スタイル（表現方法）を見つけることが、ムダ金を使わないための出発点になります。

［他ツールとのつながり］

・本書では、双方向性のエンゲージメントやパートナーシップもコミュニケーションの重要な側面だと考え、ツール「5-3 パートナーシップモデル」とも連動します。

　私見になりますが、狭義な意味での「SDGsコミュニケーション」を考える必要がありません。自社にとって、SDGsがコミュニケーションの切り口として効果的であればその視点からの広報でよいと思いますが、大切なのは、**持続可能な社会・未来の実現に向けた自社の姿勢・ストーリー・活動を社内外に伝えること**です。そのための、5つの原則を提案したいと思います。これまで、四半世紀にわたって多数の日本企業のCSR・サステナビリティ・コミュニケーションを目の当たりにしてきた体験からまとめたものです。

原則1：未来からひっぱるストーリーを語る

意味と行動：「昨年実施したこと」はデータとして重要ですが、その羅列が効果的なコミュニケーションとは言えません。大きな企業であれば、ESGデータブックなどで、しっかり外部向けに実績を公表することが求められ、多くの企業も精力的に取り組んでいます。

　　　　　　　しかし、企業は社員および外部ステークホルダーを変革の旅に巻き込み、自社を好きになってもらいつつ、ともに持続可能な未来社会を実現するためのコミュニケーションが本来の姿です。そのためには、社会と自社の将来像に触れ、未来の在りたい姿、目指したい企業像などといったビジョナリー・コミュニケーションが欠かせません。

　　　　　　　これができているか否かを、ぜひ1つのチェックポイントとしてください。

原則2：できていないことを、できているかのように伝えない

意味と行動：　未来からひっぱるビジョナリー・コミュニケーションを目指したいと書きましたが、実績や取り組み内容に関して、「できていないことを、できているかのように巧みに伝えること」は、SDGsウォッシュやグリーンウォッシュとみなされ、社会の見方が近年益々厳しくなっています。欧州連合では、グリーンウォッシュを防ぐための法整備も進められています。実績・取り組み内容については、正直、オープン、誠実、等身大で伝えることが大原則です。

　　　　　　　一見、原則1と相反するように聞こえるかもしれませんが、そんな

ことはありません。

将来目標、自社の目指す方向、ストーリー、パーパスなどは、大胆かつクリエイティブに、行動変容を促すかたちで伝え、しかし、「できたことと、できなかったこと」に関しては、あくまで誠実に発信するということは、何も矛盾することではありません。

原則3：コミュニケーションの価値は「受け手」が決める

意味と行動： 「さあ、今年のサステナビリティ報告書もできて、ほっとした」と思われる企業の方も多いでしょうし、大変な作業なため、そう思いたくなることも理解できます。

しかし、コミュニケーション（英語の語源は「共有＝シェア」です）は、受け手がその価値を認めてはじめて成立するものです。その価値が認められなかったら、ただのお金と時間の無駄遣いです。

そのため、社内論理主導のコミュニケーションから、社員、顧客、ステークホルダーの声、要望、フィードバックに真摯に耳を傾け、コミュニケーション内容と表現方法を常に刷新する必要があります。

原則4：コミュニケーションの役割・目標は「エンゲージメント」を生み出すこと

意味と行動： 近年、社員エンゲージメントやワークエンゲージメントがバズワードになっていますが、コミュニケーションも最終的な「役割」や「目標」は、社内であるにせよ、社外であるにせよ、対象となっている相手のエンゲージメントです。わかりやすくいえば、「頭で聞いたことはすぐ忘れる」（これは、社会科学の分野で何度も立証されています）が、「心にささったことは忘れない」ということです。契約や取引関係といった「冷たい関係性」から、心に刺さり、深い関心を引き寄せ、絆や情緒的なつながりを生み出す「温かい関係性」へと導くことができるコミュニケーションを目指すのが最終目標といってよいでしょう。そのためにも、これまで紹介した原則1〜3がとても大切になってきます。

インナーコミュニケーションを考えても、明らかに「エンゲージメント」が「モチベーション」を生み、「モチベーション」から自発的で主体性のある「イノベーション」が生まれます。

原則5：「双方向性」あってのコミュニケーション

意味と行動：　これは、既に「エンゲージメント」の原則からも明らかですが、コミュニケーションは「送受信」の両方あっての活動です。「受信」を促進するためには、このあと紹介するパートナーシップの追求も大切になってきますが、ことコミュニケーションにおいては、何より自社にとっての大切なステークホルダー（社員含む）がアイデアを出せる、参画できる、協働する一員になれることがベストだと思います。

そのために、本書ではSDGs経営の実践において、参加型・アウトプット型を最も大切なアプローチととらえています。具体的に、コミュニケーション活動において取り組めることが多数あります——本書で紹介する社員参加によるワークショップの実施はもちろんのこと、自社が発行した報告書やウェブサイトに関する読書会、顧客参加型のアイデア創出の場、自社のバリューチェーンの重要なプレイヤーとのイノベーション・ワークショップなどです。このあたりは、日本企業がやや苦手にしているところのようにも思いますので、ぜひ貪欲に一方通行の「伝達」を超え、行ったり来たりするような創発的で、双方向性コミュニケーションに挑戦していただきたいと思います。

簡単なチェックシートと自社の次なるアクション検討

　ここで紹介した5原則を簡単にチェックし、次なるアクションの検討に使えるチェックシートを紹介します。これはあくまで次の行動を検討するための検証項目であって、「診断」ではありません。

図表 SDGs コミュニケーション　５原則チェックシート

原則		チェック項目	次なるアクション（記載する）
① 未来からひっぱる ストーリー	1-1	わが社の価値創造ストーリーを 伝えられているか	
	1-2	将来像・在りたい姿に立脚する ビジョナリー・コミュニケー ションができているか	
② 取り組みと実績の 誠実な伝達	2-1	ウォッシュの要素はないか	
	2-2	実績・データは透明なかたちで アクセスしやすく公表ができて いるか	
③ 価値は「受け手」 が決める	3-1	ターゲットとなっている人の反 応は効果的に拾えているか	
	3-2	そのフィードバックは活かせて いるか	
④ エンゲージメント	4-1	社員のモチベーション向上につ なげることができているか	
	4-2	顧客・取引先と契約を超えた 絆の醸成に貢献できているか	
⑤ 双方向性	5-1	伝えた内容を、社員が自分事化 し、アウトプットさせる仕掛け があるか	
	5-2	社会・ステークホルダーとの生 きた協働・共創ができているか	

5-2 ブランド強化検証ツール

目的・概要

　ブランドは、企業の大きさを問わずお客様やステークホルダーとの絆でもあります。これからの時代においては、機能性、品質、デザインといったQCD的要素（QCD = Quality, Cost, Design）による「性能的卓越性」だけでなく、SDGsや持続可能な発展への姿勢と活動（QCD + SD = Sustainable Development）といった「社会的卓越性」も自社ブランドに組み込んで、発信することが求められています。

　言い換えれば、性能的卓越性（Performance Excellence）によるブランド発信から、性能的卓越性＋社会的卓越性（Social Excellence）という「ダブル・エクセレンス」によるブランド発信へと広げていく必要があります。これによってはじめて、本当に素晴らしい「エクセレント・ブランド」を築くことができます。

　ここで紹介するツールでは、従来の「シングル・エクセレンス」から、今後必須となる「ダブル・エクセレンス」への「ブランドの変身」を助けるステップを紹介します。

効果・他のツールとのつながり

［効果］

・自社の広報活動・ブランディング・マーケティングに関わるメンバーが主体的にSDGsや社会価値によるブランド発信を考えるようになり、その過程を経て、より強靭なブランドを築き上げることができるようになります。

［他ツールとのつながり］

・このツールは、特に「2-2 経営イノベーションの4側面検討」における「マーケティング」のフィールドと連動しますが、「4-3 ビジネスモデルキャンバスのワークショップ」とも親和性があります（ビジネスモデル

① パーパス

② 新価値

③ 人材

④ 仕組み・統合

⑤ 実践

の外部発信においては、ブランドのダブル・エクセレンスがこれからの「価値提案」において一層重要になるためです）。

🕐 ツールの活用方法 ⋯⋯⋯⋯⋯⋯⋯⋯⋯⋯⋯⋯⋯⋯⋯⋯⋯⋯⋯⋯⋯⋯⋯⋯⋯⋯

　ワークショップにて、広報担当部署、経営企画、サステナビリティ担当部署の協働によって、下記ワークシートを活用しながらブランドの在り方・強化の方法を検証します。

🔒 キーとなるコンセプト ⋯⋯⋯⋯⋯⋯⋯⋯⋯⋯⋯⋯⋯⋯⋯⋯⋯⋯⋯⋯⋯⋯⋯⋯⋯

●トレード・オン

　これからの経営戦略では、自社の発展・成長と、自然環境や社会との間のトレード・オフ（二律背反）に甘んじることなく、いかにしてその反対のトレード・オンを実現するかを目指す必要があります。

　トレード・オンは、「トレード・オン・マッピング」のツールで説明していますが、「自社の発展と、社会の発展や自然環境の保全・修復などが同軸に乗る」ことを意味します。ブランド活動においても、このトレード・オンの概念をベースに検討することが効果的です。

●性能的卓越性　Performance Excellence

　従来型の機能性、品質、デザイン（QCD）などによるブランド価値の実現。これからの時代においても極めて重要ですが、それだけではもはやエクセレントで強靭なブランドは築けません。

●社会的卓越性　Social Excellence

　SDGs、社会課題、サステナビリティ課題に対する自社の姿勢やストーリーと、課題解決のために進める革新的な活動によるブランド価値の実現。この重要性が近年格段に上がっており、真に優れたブランドを築くためにはもはや欠くのことできない要素となってきました。

●ダブル・エクセレンス（を含んだブランド・アイデンティティの確立）

　性能的卓説性＋社会的卓越性の両方を、ただ単に広報活動に巧に組み入れるの

ではなく、自社のブランド・アイデンティティそのものの土台にすることが必要になってきました。このダブル・エクセレンスの効果的で偽りのない発信によってはじめて、透明性が高く、SDGsをはじめとしたサステナビリティへの取り組みが求められる市場において、レジリエントなブランドをつくることができます。

● ブランド・レジリエンス

いま、ビジネスは「劇的透明性」（隠し事がほぼ不可能になりました）と、多面的な「社会的要求」に直面しています。Ｂ２Ｃだけでなく、Ｂ２ＢやＢ２Ｇの関係性においても、これはニューノーマルといえる状態です。これを理解せずにブランドを築こうとする会社は、ステークホルダーからの継続的な支持が得られず、ブランドそのものも脆弱になる可能性があります。一方で、偽りなく本気で、（SDGsウォッシュ、グリーンウォッシュなく）社会性を含んだブランド構築に取り組む企業は、長きにわたって強靭性を持ち合わせたエクセレントなブランドを築ける可能性が高まります。

ツール（ワークシート）の各側面の説明

可能な限り、複数のワークショップを開催し、先述の各部署のメンバーが機能横断的に、154ページのワークシートを使って、次の内容について検証していきます。

☑ Message＝何を伝えたいか

これまでの時代と異なるところ、あるいは追加したい自社メッセージ、ブランドメッセージとは何かを検討します。社会的卓越性の発信のために、自社のブランド・プロミスや発信内容の刷新の入口になります。

「ダブル・エクセレンス」に資する厚みのあるレジリエントなブランドを実現するためのエッセンスとなるところです。

> 例：自動車メーカーは、これまで走行性やデザインなどを中心に発信してきましたが、近年は環境機能、燃費、EV シフトなどがコーポレートブランドにおいても、商品ブランドにおいても重要な新しいメッセージとなっています。

☑ Channel＝どんなチャンネルや手段を通じて伝えるか

　これまでの媒体や発信の手段で十分なのか。双方向性のコミュニケーションやNGO・NPOとの協働などによる新しい発信方法がないかを多面的に検証します。当然、SNSの活用なども重要ですが、「ツール頼み」ではなく、本物の新しい関係性をお客様などとつくるところから、新しい発信のチャンネルや方法もみえてきます。

　手段の多様化と、エンゲージメント・協働・パートナーシップを重視したコミュニケーションが求められます。

> 例：小売りは、テレビや新聞紙面だけでなく、店舗やその他の媒体、SNSなどを通じてイベント開催、顧客参加型の企画などを通じて新しいコミュニケーション手段を確立しようとしています。

☑ Target＝誰に対して伝えるか

　ピーター・ドラッカーがかつて指摘していたように、ほとんどの企業は、顧客が2種類存在し、ブランディングの対象が複数存在する可能性が高いです。

> 例：食品・飲料メーカーは、「小売り・流通」と「エンドユーザー」という「2つの顧客」がいます。等しくターゲットとするか、それともターゲット別のコミュニケーション戦略が必要となるかを考える必要があります。

　さらに、重要な認識として、SDGsの時代におけるブランディングは、「顧客や対象とする未顧客」に対してのみ行うのではなく、「社会全般や顧客以外のステークホルダー」に対する発信の重要性も増しているところがあります。自社に対する信用やレピュテーション（社会的な評判）は、影響力が大きい投資家、市民団体、場合によってはセレブや有識者によって大きく左右されます（ブランドの強靱性は、顧客だけでなく、広い層のステークホルダーとの関係性の中から生まれます）。

　対象が拡大・多様化している可能性が高く、通り一遍のターゲット設定では、十分な効果が得られない可能性があります。

実施のステップ

❶ 次ページのワークシートにあるMessage, Channel, Targetのそれぞれのフィールドにおける「これまでの自社の主な取り組み・発信内容」の簡単な棚卸を行います。

❷ 次に、SDGsなど社会の新たな「変革ドライバー」を受け、どのような新しい視点、新しい発信内容、新しい取組が必要になるかを検証します。

❸ 最後に、自社として今後「ダブル・エクセレンス」を実現するために、どのようなメッセージを、どのような手段を通じて、誰に対して発信するかを検証します。ここでは、他社の活動との比較やベンチマーク調査なども有効になります。

ブランド検証ワークシート

目的： 自社のブランディングにおけるダブル・エクセレンス（性能的卓越＋社会的卓越）の実現に向けた素材出し

最終的には、より強固かつ厚みのあるレジリエントなブランドの実現

	これまでの自社の取組・内容	SDGsの時代における違い・新たな外部要請	これからの自社の取組・発信内容
Message 何を伝えたいか			
Channel どんなチャンネルや手段を通じて伝えるか			
Target 誰に対して伝えるか			

Double Excellence Worksheet

5-3 パートナーシップモデル

目的・概要

　SDGsを実践し、事業を通じて持続可能な将来社会を実現するためには、当然外部とのパートナーシップが重要になります。読者もご存じのように、SDGs目標17は、「パートナーシップで目標を達成しよう」となっていて、他の16目標と少し異なる性質をもっています（全体を貫く縦軸のようなものです）。

　しかし、事業面以外のパートナーシップに関しては、日本企業が大きな課題を抱えていることは否定できないと思います。ただでさえ、手前みそや自前主義に陥りがちなところがありますが、さらに、不慣れな相手と、前例のない社会関連の取り組みを始めるとなると、どうしても躊躇する場合が少なくありません。

　ここでは、どのようなアプローチやアクションを通じて、SDGs達成に向けた外部パートナーシップ構築に取り組めるかをいくつかの観点から紹介します。

効果・他のツールとのつながり

［効果］

・SDGsといった壮大な目標群を達成するのは、単独・個社では不可能です。多種多様なプラットフォーム、パートナーシップ、イノベーション・エコシステムが必要です。幸いなことに、このような取り組みに参画することは、同時に自社の存在感を引き上げ、ほぼ確実にブランド価値を高める効果をもたらします。さらに、新規の視点がイノベーション活動に取り組むきっかけにもなることは、もはやいうまでもないでしょう。オープン・イノベーションが魔法のように成果を生むことはありませんが、反対に、閉鎖系のなかで活動を続けても時代の大きな課題を解決しつつ、事業価値を生む新規のアイデアが生まれることもないでしょう。

> [他ツールとのつながり]
> ・このツールは、「2-2　経営イノベーションの4側面検討」における「外部との関係性」のフィールドと連動しますが、当然、ツール5-1や5-2とも親和性が高いです。

📇 パートナーシップの種類と具体例 ‥‥‥‥‥‥‥‥‥‥‥‥‥‥‥

　パートナーシップには、さまざまな種類があり、ここでは従来型の事業提携や産学連携、官民連携を除いたアプローチについて、いくつかの類型と具体例を紹介します。そのあと、最適のパートナーシップを検討するための簡単なポイントを挙げていきます。

➤ 企業と国連・国際機関

　The Partnership Platformとは、国連が運営するSDGsのための正式なパートナーシップ・プラットフォームです。企業向けに限定せず、「マルチステークホルダー型」（国家、非営利組織なども対象）となっていますが、執筆時点では各目標ごとに、それぞれ800～2,500件のパートナーシップが登録されています。企業にとっては、世界で動いているSDGs関連の様々なパートナーシップを俯瞰し、自社として提携したい相手や、取り組みたいテーマの検証・発掘に有効な情報源です。

> https://sdgs.un.org/partnerships

UN Global Compact

　国連事務総長だったコフィ・アナンが1999年に提唱し、2000年からスタートした「グローバル・コンパクト」が提唱する持続可能な企業経営のための10原則には、執筆時、160か国以上における1万5,000企業・団体が署名しています。近年、グローバル・コンパクトは、この10原則とSDGsを連動させる活動を行っています。

> https://www.unglobalcompact.org
> 日本の関連ネットワーク：https://www.ungcjn.org/

UN Decade on Ecosystem Restoration

　自社の事業領域に近い国際機関のイニシアティブにもっと貪欲に参加することが、日本企業にとっては必要だと思います。一例として、2021年に開始した国連の「生態系回復のための10か年」が挙げられます。このイニシアティブのグローバルな「ハブ」に参加し、広い視点から取り組むこと、それまでに接することのないパートナーと協業することに、大きな意味があると思います。

　https://www.decadeonrestoration.org/

➤ 企業とNGO/NPO

　日本企業は非営利団体との本格的なアライアンスに非常に疎いと思います。しかし、そのような団体と本気で組むことによって得られる知見が多いというだけでなく、営利企業ではどうしても得られない信用や、単独では成し得ない、「公共性を含んだビジネスの取り組み」を実現することができます。

　有名な例として、ユニリーバがWWFとの連携を通じて1996年に立ち上げ、翌1997年に独立した非営利組織「海のエコラベル、MSC」があります。これによって、食品・消費財大手であるユニリーバだけでも、世界的に有名な市民団体であるWWFだけでも成し遂げることのできなかった、信ぴょう性と市場展開力の両方を兼ね備えた新しい認証スキームを確立することができました。

　https://www.msc.org/

　2007年、英国のオックスファムは、アフリカの小規模農家の気候変動関連のマイクロ保険実現のために再保険会社大手Swiss Reにアプローチし、その結果生まれたのがR4 Rural Resilience Initiativeです（現在は、オックスファムと国連食糧計画WFPの共同イニシアティブとなっています）。

　東アフリカを中心に、9万軒以上の小規模農家、人数にして50万人以上のサポートを行ってきました。保険サービス、リスクマネジメント、農家の教育などに取り組む画期的なプログラムです。

　https://www.oxfamamerica.org/explore/issues/economic-well-being/
　r4-resilience-initiative/

> ➤ 企業とシンクタンク

　例えば、米国の世界資源研究所（WRI）は企業がテーマごとに参加できるいくつかのプラットフォームを提供しています。企業と自治体、国際機関がともに参加するものも多く含まれます。一例として、 SDGsの達成を目指す、P4G – Partnering for Green Growth and the Global Goalsがあります。このイニシアティブの魅力は、各国政府との連携による具体的なプロジェクトを立ち上げ、広報もしてもらえるところにあります。

| https://p4gpartnerships.org/

> ➤ 企業と企業／企業コンソーシアム／企業プラットフォーム

　このカテゴリーには、非常に多くの取り組みが含まれます。多くの場合は、非営利団体や国際的な機関が事務局を務めていますが、その団体との直接的な協業というメリットがあるだけでなく、共通の目標に対するコミットメントを通じて、企業間協働や企業間の切磋琢磨にも意味があります。

　いくつかの有名な事例として、日本企業も積極的に参加している次のようなプラットフォームがあります。

Ellen MacArthur Foundation

サーキュラー・エコノミーのパイオニア組織。多くの企業がその立ち上げと運営に協力してきました。

SBTi　Science-Based Targets initiative

気候変動の削減目標を科学的な根拠に基づいて行うことをコミットするプラットフォームです。自社の削減目標に信ぴょう性を与える効果があるといえます。

RE100　Renewable Energy 100

再生可能エネルギー100%にコミットする企業ネットワークです。

TCFD　Taskforce on Climate-related Financial Disclosures

金融安定理事会（FSB）のイニシアティブによって2015年に立ち上がった「気候関連財務情報開示タスクフォース」。
企業が気候変動による影響を分析するためのシナリオ検討を行い、透明にデータなどを公表することを促しています。

TNFD　Taskforce on Nature-related Financial Disclosures

TCFDに倣って、2021年に始動した「自然関連財務情報開示タスクフォース」。気候変動関連のみならず、生物多様性・生態系に対する自社の取り組みや情報開示の共通性ある実施を促しています。

SAI　Sustainable Agriculture Initiative

持続可能な農業サプライチェーンの実現を目指す企業、その他の組織による協働プラットフォーム。

RSPO　Roundtable on Sustainable Palm Oil

パーム油の持続可能な調達を目的として活動する「持続可能なパーム油のための円卓会議」。

　これは、ごく一部にすぎません。世界各地で、このような協働型のプラットフォームが立ち上がっており、ぜひ、学習、リスク対策、ブランディングの一環として、貪欲に参加されることをおすすめします。

➤ 国際的なフォーラムなどへの参加

　パートナーシップを締結する、あるいは協働プラットフォーム、コンソーシアムなどにコミットするだけでなく、 国内外の関連フォーラムや国際会議にも頻繁に、フットワークよく参加することが大切になってきています。2020年以降は、新型コロナウイルスによって国際的なイベントへの参加が困難な一面もありましたが、そのほとんどすべてはオンラインにて実施されてきました。いずれにせよ、重要な国際フォーラムにおける日本の企業人の参加は、あまりに少なすぎます。

　一例として、毎年開催場所を変える World Circular Economy Forum があります。フィンランド、カナダ、ルワンダなどへと開催地を変えつつ、毎年、サーキュラー・エコノミー関連のホットなトピックや刺激的なスピーカーによるプログラムを提供しています。

| https://www.sitra.fi/en/projects/wcef/

① パートナーシップを検討するにあたっての留意点

　これまで、長年にわたり日本企業と接してきた中で感じる「パートナーシップ構築」を検討するにあたって、以下の大切な4つの留意点があると感じています。

① 対等なパートナーシップを志向する

　日本企業は往々にして、非営利団体をやや見下す、あるいは軽くみる傾向にあると感じてきました。国際機関との連携や企業コンソーシアムへの参加においてのみならず、市民セクター・非営利団体とパートナーシップを組む場合も、第一に、対等なパートナーであるというマインドセットを忘れずに接することが求められると思います。

② 営利と非営利の特異性の尊重と有効活用

　上記①と連動しますが、営利セクター、国際機関や非営利セクターにはそれぞれ特異性があって、できること、できないことが異なります。国際機関や非営利セクターと本気で付き合うことによって、自社だけではなし得ない問題解決が可能になることがあるうえ、自社の情報網では把握仕切れないリスクや、発掘できない機会を見つけることにつながることもしばしばあります。

③ 本腰を据えた協働へのコミットメント

　企業とその他のセクターの成功事例をみると、「複数年にわたり、本腰を据え、具体的な達成目標を設け、予算も十分確保する」ことが共通している特徴です。日本企業は、単年度ならびに予算規模が小さく、「遊び程度」のパートナーシップに終わってしまう場合が少なくないと感じてきました。自社にとっても、そして相手となる団体、さらに、本来実現したい課題解決のためにも、本腰を据えて、戦略的に取り組むことがマストになります。

④ 貪欲な探求を続ける

　とにかくまず自社の殻を破って、貪欲に国内外のパートナーシップに挑戦すべきです。身近な「自社価値」としては、自社のSDGs・サステナビリティ・イノベーションの刺激につながり、より大きな「社会価値」としては、一組織・企業では解決できない問題の克服に貢献することにつながります。石橋ばかり叩いて、スピードが遅く、探求心もないのでは、有効なパートナーシップが生まれません。

　ぜひ、このような4つの留意点を参考にしつつ、自社ならではのパートナーシップ・モデルを探ってみてください。

その2 SDGsに関する重要な情報源

　ここでは、最も重要と思われる国内外の情報源を簡単に紹介します。世界には、当然他にもほぼ無数に近い情報源が存在しますが、ここでは最もベーシックでありながら、「意外と探しにくい」最重要の情報源・プラットフォームなどをいくつか紹介します。

① 国連の正式なSDGsウェブサイト

https://www.un.org/sustainabledevelopment/

　個別目標の説明と進捗状況、背景となっている国連のAgenda2030、パートナーシップへのアプローチ、学生のためのリソース、プレス関連の資料など、さまざまな情報にアクセスできます。

② SDGsの正式な進捗報告書（毎年7月ごろ公表）
Sustainable Development Goals Report

https://unstats.un.org/sdgs/report/2022/

　上記①の中に埋もれている進捗報告ですが、過去1年の概観と重要テーマのフィーチャーに加え、各目標ごとの進捗が詳しく紹介されています。

③ アジア・パシフィック地域における進捗報告（毎年3月ごろ公表）
Asia and the Pacific SDG Progress Report

https://www.unescap.org/kp/2022/asia-and-pacific-sdg-progress-report -2022

　かなり詳細にわたり、アジア・パシフィック地域の進捗を、各169ターゲットの傾向も含めて紹介しています。
　日本語版は、日本の研究機関IGESによって発行されています。

https://www.iges.or.jp/jp/pub/ap-sdg-2022/ja

④ SDGs に纏わるパートナーシップへのアプローチと現状を確認できる

> https://sdgs.un.org/partnerships

　政府機関、非営利セクターが主体のパートナーシップが多いですが、企業が参加しているものも含まれています。各目標ごとに、800〜2,500の個別パートナーシップへの入口ともなっています。

⑤ 国別の達成度合いランキングを含む（以前、SDGs Index/SDGs Dashboard）（毎年、6月ごろ公表）年次報告書
　Sustainable Development Report

> https://dashboards.sdgindex.org/

　この報告書は、国連の関係機関であり、コロンビア大学ジェフリー・サックス教授が中心となっている Sustainable Development Solutions Network（SDSN）と Cambridge University Press によって発行されています。
　非常に興味深い国別ランキングを含んでいるのみならず、国連の正式な進捗報告とは一線を画した詳細分析も掲載していて、情報量が非常に多いレポートおよびウェブサイトです。

⑥ 国連開発計画（UNDP）が主催する、世界各地でのビジネス・ソリューション加速のための
　SDG Accelerator

> https://www.undp.org/sdg-accelerator

　ここでは、大手企業というよりは、世界各地の中堅企業（SME）などがSDGsに取り組むための事例集や支援ツールなどを紹介しています。

⑦ 国連開発計画（UNDP）が中心となり、進められている民間セクター向けのインパクト評価プラットフォーム
　SDG Impact

> https://sdgimpact.undp.org/

民間企業および投資家がSDGsを投資および事業活動に統合するためのツール提供を目的としていて、現在は、主に企業のための「SDGインパクト評価ツール」と、投資家のための「SDGs投資家マップ」という２つの活動に注力しています。

　日本語での「SDGインパクト基準」はこちら：

https://www.undp.org/ja/japan/publications/qiyeshiyetixiangke-sdg-inhakutojizhun

⑧ UN Global Compact

https://www.unglobalcompact.org/

　2000年に始動した、サステナビリティ経営の10原則を産業界に提唱し、署名を求めるプラットフォームです。世界では1万5,000団体以上、日本でも500団体以上が署名しています。

　2015年以降は、SDGsとの連動を意識した活動となっており、最近では、企業にとっての戦略的な取り組みに関する戦略構想を公表しています。

UN Global Compact Strategy 2021-2023

https://unglobalcompact.org/library/5869

⑨ グローバル・コンパクト・ネットワーク・ジャパン

日本におけるグローバル・コンパクトの正式な関連組織です。

https://www.ungcjn.org/index.html

　各目標やターゲットがわかりやすく紹介されているほか、自社として簡単に活用できるSDGs取り組みチェックシートも公開しています。

https://www.ungcjn.org/sdgs/checksheet.php

⑩ 日本政府のSDGsアクション・プラットフォーム

推進本部（政策会議）

> https://www.kantei.go.jp/jp/singi/sdgs/index.html

外務省

> https://www.mofa.go.jp/mofaj/gaiko/oda/sdgs/index.html

　日本では、全閣僚が参加する「SDGs推進本部」（上記）が設置されていますが、外務省が音頭を取っている活動も少なくありません。

　外務省主催で、「ジャパンSDGsアワード」が毎年開催され、SDGsに取り組む企業や団体であれば、その規模を問わず応募することができます。大手企業だけでなく、優秀な地域企業も多くこのアワードを受賞しています。

> https://www.mofa.go.jp/mofaj/gaiko/oda/sdgs/award/index.html

⑪ WBCSD　SDG Business Hub

> https://sdghub.com/

　スイスに本部を置く国際的な企業コンソーシアムWBCSD（持続可能な開発のための世界経済人会議）は、SDG Business Hubというオンラインプラットフォームにて、CEO向けのガイド、セクターごとの重点テーマに関するレポート、国別の分析、暮らしにおける取組の紹介など、多種多様なツールを紹介しています。

⑫ 地方創生官民連携プラットフォーム

> https://future-city.go.jp/platform/

　内閣府において設置された、地方自治体と地方創生をテーマとしたSDGs協働プラットフォーム。全国各地から、地方自治体、企業、経済団体、市民団代など7,000近い団体が登録・参加。普及活動の他、個別テーマに関する分科会も多く展開しています。

謝 辞

　本ができるまでは、旅のようなものです。

　本書の旅は、2016年末、日本の資源循環のパイオニア企業、アミタホールディングスの熊野英介会長兼CEOの問題意識とお誘いに端を発しています。「SDGsはまだまだ認知度が低いし、日本の企業は戦略的に取り組めていない！」といった問題意識から、アミタ主催で私が事務局長を務める「SDGs戦略研究会」が翌年スタートしました。日本企業を対象に、2シーズンにわたって、非常に多面的で内容の濃い研究会を開催しました。

　この戦略研究会の講師のお一人、再生可能エネルギー・新エネルギーの専門家、竹林正雄氏は、アミタと私に対して、「いまこそ、ビジネス戦略としてのSDGsに関する書籍を発行すべきだ」と力説され、自ら日刊工業新聞社を説得し、2019年3月に本書の前身である『SDGsビジネス戦略』が発刊されました（竹林氏、ピーダーセンの編著となっています）。

　その時と比べれば（特に2016年末と比較すると）、SDGsの認知度は格段に上がりましたが、果たしてより戦略的に取り組めるようになったのでしょうか――そのあたりには、まだ疑問が残るかもしれません。そのため、本書では、最新の情報、世界情勢、歴史的背景の俯瞰に加え、現場で活用できる多くの経営ツールを用意し、2023年から始まるSDGsの後半戦に備えるための内容を盛り込んでみました。

　出版を決めてくださった日刊工業新聞社と、本書の編集にかなりタイトなスケジュールのなかで一生懸命に取り組んでくださった関係者の方々に、心より御礼申し上げます。

　この本の旅は、しかし、「出版」で終わるのではなく、始まるのです。ぜひ、ヒントを1つでも2つでも得ていただいて、現場発のSDGsイノベーションに結び付けていただけると大変嬉しく思います。

2022年10月
ピーター D. ピーダーセン

【著者紹介】

ピーター D. ピーダーセン

NPO 法人 NELIS 代表理事
株式会社トランスエージェント会長
大学院大学至善館教授
丸井グループ社外取締役
明治ホールディングス社外取締役

1967 年デンマーク生まれ、日本在住 30 余年。2000 年に、サステナビリティ・コンサルティングを手がける（株）イースクエアを共同創業、2011 年まで代表取締役を務める。その後、サステナビリティ経営と次世代リーダーの育成をテーマに活動し、2015 年に、世界の若手次世代リーダーを育成する一般社団法人 NELIS（2020 年より NPO 法人）を日本で共同設立、代表理事に就任。
現在も、多くの日本企業の SDGs・ESG・サステナビリティ戦略と人材育成を支援する。

主な著書に、『しなやかで強い組織のつくりかた』（2022 年、生産性出版）、『SDGs ビジネス戦略』（編著、2019 年、日刊工業新聞社）、『レジリエント・カンパニー』（2014 年、東洋経済新報社）などがある。

SDGs ビジネス戦略ワークブック

NDC519

2022年10月29日　初版1刷発行

定価はカバーに表示されております。

Ⓒ著者　　ピーター D. ピーダーセン

発行者　　井　水　治　博

発行所　　日刊工業新聞社

〒103-8548　東京都中央区日本橋小網町14-1
電話　書籍編集部　　　03-5644-7490
　　　販売・管理部　03-5644-7410
　　　FAX　　　　　　03-5644-7400
振替口座　00190-2-186076
URL　https://pub.nikkan.co.jp/
email　info@media.nikkan.co.jp

印刷・製本　新日本印刷株式会社